CONTES EN PROSE
DE
LECONTE DE LISLE
(IMPRESSIONS DE JEUNESSE)

CONTES EN PROSE

Rés. m Y²

ÉDITION ORIGINALE
TIRÉE A CENT TRENTE-CINQ EXEMPLAIRES
sur papier vélin

N° 134

RÉSERVÉ AU DÉPOT LÉGAL

LECONTE DE LISLE

CONTES EN PROSE

(IMPRESSIONS DE JEUNESSE)

PRÉFACE DE JEAN DORNIS

PARIS
AUX DÉPENS DE LA
SOCIÉTÉ NORMANDE
DU LIVRE ILLUSTRÉ
—
1910

PRÉFACE

« ... La famille paternelle de Leconte de Lisle est originaire d'Avranches — Normandie —. Elle vint habiter Dinan, en Bretagne, vers le milieu du XVIIIe siècle... »

Ces quelques lignes, tracées de la main de Leconte de Lisle pour être placées en tête de l' « Essai » qu'il désirait voir écrire sur sa personne et sur son œuvre, ont donné à la *Société normande du Livre illustré* l'heureuse pensée de faire, à l'auteur des *Poèmes Antiques* et des *Poèmes Barbares*, une place dans la galerie des écrivains dont la Normandie a le droit de s'enorgueillir comme de ses fils.

La *Société normande du Livre illustré* ne cède donc point, dans l'occasion, au désir de s'annexer une gloire qui dépasse le rayonnement de toute célébrité régionale, voire française, et qui appartient désormais au patrimoine de l'humanité lettrée. Ce n'est pas seulement en fait — ainsi qu'en témoignent ses papiers de famille, — mais physiquement et moralement que Leconte de Lisle apparaît comme un type très représentatif de ces Normands, campés aux frontières du pays celtique qui à travers l'histoire donnent une si vigoureuse réplique aux Normano-Irlandais du Royaume-Uni.

Quand on compare les portraits que nous ont laissés, de Leconte de Lisle, les écrivains et les artistes, peintres ou sculpteurs, qui l'entouraient, on constate que, dans tout ce qui est essentiel, ces images se ressemblent entre elles. Dépouillé de ce qu'il a de tout à fait personnel dans l'expression, de ce qu'il doit au reflet du génie, à la concentration perpétuelle de la pensée, le visage de Leconte de Lisle rappelle les traits d'un Mac-Kinley, c'est-à-dire d'un de ces normano-celtiques d'outre-mer qui tiennent de leurs origines les larges plans du visage, la structure noble et nette du menton, la claire expression du regard, derrière lequel on sent de la mysticité à la minute même où le dessin de la bouche révèle l'ironie.

Au moral, ce que Leconte de Lisle doit à ses atavismes de la Manche apparaît de façon plus éclatante encore.

... « Mon père », dit-il dans une autre note dont le manuscrit est également entre nos mains : « est d'origine normande et bretonne. »

Ces deux hérédités se disputeront Charles Leconte de Lisle.

Autant, on le sait, le Normand est homme d'action, autant le Celte se contente de se laisser bercer par son rêve. Toute sa vie, le poète, tourmenté par ses atavismes normands, souhaite passer de la méditation à l'acte. C'est l'occasion de toutes les tentatives qu'il ébaucha pour aborder la vie politique. Il sent gronder en lui une éloquence, fille de sa conviction — disons-le, un goût normand de la parole harmonieuse — qui voudrait s'exprimer à la tribune.

Entre Racine, Parisien de culture, homme de cour, et l'intransigeant Corneille, qui a une croyance morale et littéraire qu'il veut imposer aux foules, le choix de Leconte de Lisle est vite fait : c'est le Normand Corneille qu'il préfère. Peut-être même aurait-il, à la fin, déserté la poésie pour l'éloquence, la méditation pour l'action, si un fond de langueur créole, un des rares emprunts qu'il eût fait à Bourbon, ne fût venu renforcer en lui la nonchalance du Celte.

Il n'est pas moins remarquable que Leconte de Lisle, qui a ouvert sur la nature bourbonnienne des yeux si émerveillés, n'ait guère manqué une occasion de dire que, parmi les créoles de Bourbon, il se sentait un étranger.

Si l'on groupe les divers traits empruntés aux pages de jeunesse qui sont ici publiées, on remarquera qu'une note de défaveur accompagne presque toujours, chez le poète, la peinture du caractère de ces Français d'outre-mer que le hasard et les hérédités maternelles avaient faits cousins ou concitoyens de Leconte de Lisle : « Le créole », dit-il dans *Sacatove*, « a le cœur fort peu expansif, il trouve parfaitement ridicule de s'attendrir ; ce n'est pas du stoïcisme, mais bien de l'apathie. »

Fils d'hommes du Nord, qui ont dû dompter la terre par la charrue, Leconte de Lisle demeure en extase devant les fécondités spontanées, qui, d'un rivage de corail au sommet d'un pic neigeux, juxtapose, le long des flancs de l'Ile Bourbon, tous les aspects de la vie végétale. Il est prêt à frémir de colère quand il constate que cette beauté n'éveille, chez les créoles de l'île, aucun mouvement d'enthousiasme.

D'ailleurs, un fait caractéristique entre tous se dégage, non seulement de la lecture de ces nouvelles, mais de l'examen de l'œuvre entière de Leconte de Lisle.

L'idéal féminin qu'il porte en soi n'est pas un reflet de cette glorieuse féminilité brune, si ferme en ses contours de jeunesse et de volupté qui, avec une abondance presque anonyme — créole, quarteronne ou négresse — jaillit de l'humus africain.

D'un bout à l'autre de son œuvre, le type de femme qu'il dégage des brouillards du songe et revêt des voiles de la rêverie afin de le produire dans tout son éclat, c'est la vierge du Nord, la jeune druidesse « de l'île de Sein » aussi bien que l'élégante petite flirteuse des *Chansons Écossaises* :

> Ne dis pas non, fille cruelle,
> Ne dis pas oui ! J'entendrais mieux
> Le long regard de tes grands yeux
> Et ta lèvre rose, ô ma belle !

Ce choix n'est pas un pur élan d'atavisme. Il est raisonné. A cet égard le conte ici publié : *Mon premier amour en prose*, a la valeur d'un document psychologique. Leconte de Lisle dit pour quelles raisons il rompit, très jeune, avec les belles et orgueilleuses jeunes filles de l'Ile Bourbon. Il les a symbolisées, incarnées dans cette héroïne de son premier amour qui, sur une peau orangée et des cheveux noirs, portait « un frais chapeau de paille à roses blanches et à rubans rouges ».

Il avait longtemps adoré la jeune fille de loin, avec ardeur et tremblement, lorsqu'un jour il entendit la voix aigre, impitoyable à l'esclave, sortir des lèvres vermeilles, il vit les belles mains esquisser le geste de la menace, le corps souple raidi par la colère méchante. Alors le cœur du jeune poète se serra dans sa poitrine, il s'approcha de celle à qui, jamais, il n'avait osé adresser la parole, et il s'écria : « Madame ! je ne vous aime plus ! »

Cet adieu, Leconte de Lisle le jetait là à toutes ces femmes, quarteronnes ou créoles, dont il sentait les âmes — à la fois inertes et cruelles — si différentes de la sienne.

Et son parti pris d'ostracisme ira, un moment, jusqu'à le rendre injuste pour toute beauté brune.

Ainsi, le poète haïra *Dianora*, l'héroïne florentine d'un autre de ses contes, parce que cette Italienne, cousine par sa passion sombre des amoureuses d'Afrique, est cause de douleur et de mort pour les hommes qui l'approchent.

« Les Italiennes », écrit-il avec une espèce de volupté à se venger, « aiment et détestent avec fureur, il n'y a pas d'homme qui ait l'haleine assez longue pour porter jusqu'au bout le poids de leur haine ou de leur amour. »

Son parti est si énergiquement pris que désormais quand la nécessité du décor l'oblige à mettre en scène une jeune fille créole, il écarte décidément toutes les beautés africaines pour ne recommander à nos imaginations que des vierges couronnées d'épis d'or. Ainsi la jeune créole qui trouble l'esclave Sacatove au point de lui faire perdre le goût de la vie est dépeinte avec « une peau de neige, des yeux bleus, des cheveux blonds ». Elle semble une sœur de cette délicieuse Mlle de Lanux, petite cousine du poète que Leconte de Lisle aima d'un amour juvénile et pur, et qui, à jamais divinisée par cette tendresse, passe, dans le demi-jour du *Manchy* avec « ses yeux de sombre améthyste » et ses cheveux « qui dorent l'oreiller ».

Ce n'est pas trop insister sur une obsession qui commença tôt chez le poète et dura autant que lui.

L'héroïne de sa nouvelle : *Une Peau de Tigre*, qu'il publiait à l'âge de vingt-deux ans, est une jeune Hollandaise blonde.

La vierge qui apparaît dans *Le songe d'Hermann* a « les yeux bleus, les cheveux blonds ».

La jeune fille qu'on aperçoit dans *La Rivière des Songes* est une enfant de seize ans qui a « l'idéale beauté des femmes du Nord, quand elles unissent à la limpidité fluide des yeux, à la transparence de la peau, l'abandon pensif et harmonieux de la démarche et de la pose ».

D'autre part, des documents que nous avons sous les yeux, témoignent, qu'au moment même où Leconte de Lisle arrivait en Bretagne, il se réjouissait de rencontrer, dans les salons de Dinan, deux jeunes sœurs anglaises, Miles Caroline et Mary Beamish, « vaporeuses et blondes », auxquelles il dédiait des pièces de vers sous ce titre transparent : *Mens blanda in corpore blando*.

Une telle persistance dans les aspirations sentimentales et plastiques dépasse la fidélité d'un cœur. On a souvent corrigé le proverbe : « Dis-moi qui tu hantes et je te dirai qui tu es » en cette forme équivalente : « Dis-moi qui tu aimes et je te dirai qui tu es. »

Celui qui, lorsqu'il prend les traits du jeune Ménalcas, évoque ainsi la petite paysanne qu'il préfère à toutes les princesses : « elle revenait du marché en rossignolant, avec ses yeux bleus, ses lèvres roses, sa robe bariolée, son sourire joyeux, ses seize ans et toutes les belles fleurs qu'elle cueillait sur son passage », celui qui a eu cette vision aime, en Normand, la Normandie elle-même.

Ces remarques peuvent servir de fil conducteur pour cheminer, sans se perdre, à travers les nouvelles qui composent ce recueil.

Et tout d'abord elles permettent de sortir du labyrinthe, en apparence sans issue, qu'est ce conte, d'écriture médiocre mais de portée symbolique : *Une Peau de Tigre*.

En 1837, le poète, alors âgé de dix-neuf ans, avait quitté son île natale pour venir achever ses études en Bretagne. Au passage du cap de Bonne-Espérance, des lettres de présentation lui avaient ouvert la maison hospitalière d'un riche Hollandais. Ce négociant était le père heureux d'une de ces jeunes filles blondes que Leconte de Lisle préférait à toutes les beautés d'Afrique à cause de leur douceur, de leur mélancolie, de leur romanesque.

Elle s'appelait Mlle Anna Bestaudy. Elle chantait agréablement au clavecin. Il lui dédiait des vers :

> ... Anna, jeune Africaine aux doux lèvres de rose,
> A la bouche de miel, au langage si doux,
> Tes regards enivrants où la candeur repose
> Accordent le bonheur quand ils passent sur nous![1]...

Il lui parle « de sa main blanche », de ses cheveux « qui tombent si mollement sur les contours neigeux de son cou ». Puis il se rembarque, continue de penser à elle et demeure assez possédé de son souvenir pour lui dédier les premières pages de prose qu'il fait imprimer : *Une Peau de Tigre*[2].

Un souvenir douloureux le hante : sur le divan où la belle Anna s'étendait, le poète avait aperçu la dépouille d'une magnifique panthère. De qui Mlle Bestaudy avait-elle pu tenir ce présent, sinon de l'homme à qui elle était fiancée et qui l'épouserait demain ? Sans doute quelque bel officier anglais ou hollandais, qui avait tué le fauve aux Indes ou à Java, et puis en avait jeté la dépouille, en hommage, aux pieds de la vierge de son choix ? Qu'avait-il lui, le pauvre Charles Leconte de Lisle, à offrir, en contrepoids d'un don si viril ? Des lignes inégales tracées sur le papier d'une main tremblante, des vers...

Du moins se venge-t-il dans la distance et le recul du temps en imaginant, dans sa nouvelle, celle que son rêve naïf a effleurée, mariée à ce chasseur brutal.

Il la montre désillusionnée, meurtrie, repentante peut-être d'avoir préféré la force à la tendresse, un livre de vers à la main, et rêvant. Mais soudain elle frissonne car les griffes, aiguës, féroces, inertes de la bête qui gît là, étendue sur le divan où elle-

---

1. Le Cap, 3 avril 1837.
2. *La Variété*, 1840.

même repose se sont accrochées aux dentelles de sa robe, les déchirent, tiennent son bras prisonnier.

L'intensité des sentiments du poète ne devait avoir d'égale que leur durée dans son cœur.

En effet, sept ans après la publication de *Une Peau de Tigre*, Leconte de Lisle reprend ces souvenirs pour les compléter et les magnifier. Il n'est pas satisfait du dénouement qu'il a donné à l'idylle ébauchée avec Mlle Anna Bestaudy : il remet la jeune fille en scène dans *La Rivière des Songes*[1].

Cette fois elle a changé de nom, mais elle n'a pas changé de décor et elle apparaît une fois encore « vêtue de blanc », autant pour satisfaire aux exigences du climat africain qu'à l'esthétique du poète.

Dans un coin de la chambre, il y a un meuble que nous connaissons, « un magnifique piano ». Et il est là aussi, « le divan » sur lequel « Edith est à demi couchée » exactement comme dans la nouvelle : *Une Peau de Tigre* — pour les « lionceaux » et les « babouins », qui forment la ménagerie de la jeune fille, ils sont des fils et des cousins de ces lions et de ces singes que le poète adolescent avait aperçus en 1837, chez un autre habitant du Cap, M. Villet.

Évidemment ici le poète embellit un peu les choses. Dans une longue épître qu'il avait adressée, au moment même de son passage au Cap[2], à un ami de Bourbon, il avait dépeint Mlle Bestaudy non comme une rêveuse sentimentale, mais comme « une grosse Hollandaise très gaie ». De même n'avait-il jamais fait avec elle de promenade en canot sur la *Rivière des Songes*, mais bien risqué une excursion : « dans une voiture à six places par une route généralement sablonneuse mais bordée de charmantes maisons », pour se rendre à Constance, site éloigné de quatre lieues du Cap.

1. *La Démocratie pacifique* (13 juin 1847).
2. En 1837, à son camarade Adamolle.

On a pourtant la preuve qu'il y avait un peu de fanfaronnade dans cette description, par trop ironique, adressée par le jeune Leconte de Lisle à l'ami bourbonnien. Le poète n'avait pas voulu paraître trop aisément conquis. Le fait est que, dès lors, il était revenu de sa promenade en voiture tout à fait subjugué et qu'un petit tour au « Jardin de la Compagnie » où « jouait la musique militaire » avait achevé sa déroute sentimentale. Autrement on ne pourrait expliquer ces vers que Charles avait déposés, avec la timidité qu'on devine, sur le piano de la jeune fille :

> ... Oh ! si je pouvais, si je pouvais te dire
> De ta voix, de tes pas les charmes infinis,
> Les suaves pensées que ta présence inspire,
> Mes vers seraient charmants et d'eux-mêmes surpris ! [1]

Il est bien divertissant de penser que décidé à jouer dans *La Rivière des Songes* le rôle de l'amoureux préféré, le poète s'accorde les supériorités qui lui manquaient dans *Une Peau de Tigre*. Il s'affuble de la défroque d'un jeune Anglais « qui a tant vu, tant senti, que la vie lui semble lourde, pâle et longue ». Et il a bien soin de se peindre en même temps sous les traits d'un moderne Nemrod qui a « chassé l'ours en Russie, le loup en Lithuanie, l'élan au Canada, le lion en Afrique et *seize tigres royaux* dans le Bengale ».

Comment Mlle Anna Bestaudy résisterait-elle, cette fois, à des mérites si accumulés et si contradictoires? Il y a sûrement l'écho de paroles qui furent dites, dans ce naïf et charmant dialogue qui s'engage entre les deux jeunes gens :

— « Rien n'est beau comme cette vallée, je voudrais y vivre

---

[1]. A Mlle Anna Bestaudy. Au Cap de Bonne-Espérance le 5 avril 1837.

et y mourir. J'emporterai en Angleterre le regret douloureux d'avoir entrevu le bonheur sans l'atteindre. »

— « De si graves intérêts sont-ils donc attachés à votre départ? demanda Edith en baissant la tête par une sorte de pressentiment qu'une heure décisive allait sonner pour elle. »

— « Le plus grave intérêt de la vie, miss Polwis. »

Le fait est que Charles Leconte de Lisle se rendait à Dinan pour y passer son baccalauréat.

Cela ne changea rien aux choses, et l'écolier, devenu homme, avait le cœur gonflé de la mélancolie d'un souvenir toujours cher, quand — dix ans plus tard — fixant ses réminiscences, il écrivit le conte émouvant qui finit par ces mots :

«O première larme de l'amour, si rien n'a terni ta chaste transparence, la mort peut venir... tu nous auras baptisés pour la vie éternelle. »

Tel est bien le sentiment profond de Leconte de Lisle. Entre une amoureuse tragique comme sa *Dianora*, et les vierges que le désir approche mais ne touche point, il n'hésite pas. Ses poèmes nous avaient ouvert cette mystérieuse fenêtre sur les profondeurs de son cœur : les pages de jeunesse, recueillies ici, commentent éloquemment, éclairent comme par un rayon pur, la passion de cette âme d'élite pour l'idéal intact.

Certes, c'est pour préciser cet idéal-là que le poète a écrit : *La Mélodie incarnée; Le Songe d'Hermann.*

Qu'est-ce que cette femme qui, au matin, se dégage de l'obscurité d'une pauvre chambre et apparaît à un mélancolique joueur de violon une seconde avant que son cœur et son instrument se brisent à la fois? C'est l'Ame du Stradivarius. Et, si elle se manifeste au musicien c'est que la veille, pour la première fois, il a eu la révélation de la Nature. Ses sens se sont ouverts. Pour lui, le son est devenu visible : la beauté lui a été révélée.

Cette Vierge, que le musicien de la *Mélodie incarnée* aperçut au moment où son violon se brisait, elle surgit une seconde fois, presque de la même manière, au milieu de cet autre conte : *Le Songe d'Hermann*.

Celui qui, momentanément, représente le poète lui-même, la dépeint par ces mots :

« ... Cette femme est le type humain de la Beauté que j'aime dans la Nature. Les plus sublimes créations du cœur ont une réalité, sois-en sûr. Je rencontrerai cette femme sur la terre ou dans un autre monde, je ne sais, mais je la rencontrerai... »

Et, voilà que, docile à celui qui l'appelle, la Vierge se révèle. Il suffit pour cela qu'Hermann ferme les yeux sur les réalités extérieures et que, dans le rêve, il évoque les souvenirs de sa jeunesse. Lorsqu'il relève ses paupières, la vision s'est évanouie avec l'aurore. Le poète ne cherche point à la préciser. Il ne conte à personne quelle douceur il a goûtée, dans le songe, avec elle, quelles paroles éternelles l'intangible fiancée lui a dites. Non, pas plus en prose qu'en vers, pas plus à cette minute de jeunesse que plus tard sous sa couronne de cheveux blancs il ne trahira le secret de son âme.

Elles sont bien de l'homme qui, dans la force de la vie, écrira le sonnet des *Montreurs*, ces lignes qui, malgré lui, nous font apercevoir, déchiré par les épines de la route, un cœur tout palpitant :

« Notre pauvre monde ressemble aux parades de la foire, chacun à son heure, en son lieu, monte sur les tréteaux du paillasse. Or, le paillasse qui pleure est hué. Le monde antique était plus indulgent, il accordait un masque à l'histrion. Libre à lui de pleurer dessous, mais de notre temps on cloue le rire aux lèvres. »

La nouvelle intitulée *Marcie* a été empruntée par Leconte de Lisle à un fond de chroniques bourbonniennes qui content les dangers que faisait courir, aux jeunes filles créoles l'ardeur et la tendresse de leurs esclaves noirs.

On notera pourtant que, dans *Marcie* aussi bien que dans *Sacatove*, la passion du nègre pour sa jeune maîtresse demeure un sentiment, et ne va pas jusqu'à la consommation.

Ce qui se passe encore aujourd'hui dans l'Amérique du Nord, où le noir n'est plus un esclave mais, théoriquement, un citoyen libre, donne ici raison à la réserve de Leconte de Lisle. L'entreprise d'un noir américain aux dépens d'une jeune fille ou d'une femme de race blanche, est, sans doute, immédiatement punie d'une manière effroyable par le lynchage, par des demi-pendaisons dans lesquelles le supplicié sent, à la fois, un feu allumé sous ses pieds, une corde attachée sous son menton et les déchirures de balles qu'on lui tire dans le corps. Mais la seule crainte du supplice n'est point en cause, pas plus dans le Sud ou l'Ouest américain, qu'à Bourbon. La vérité c'est que le noir reconnaît vraiment le blanc comme son supérieur. Il sent l'abîme qui le sépare de la femme blanche et, s'il y a mépris d'une part, il y a admiration, vénération presque religieuse du côté de l'homme de couleur envers une créature qui lui semble plus qu'humaine.

En affirmant par deux fois dans ses nouvelles cet état d'âme de l'esclave en face de la créole, Leconte de Lisle a voulu rendre un témoignage loyal en faveur de ces humbles serviteurs pour lesquels il ne se contentait pas de rêver l'affranchissement, mais dont il contribua, plus que tout autre, à faire des hommes libres, puisqu'un an après la publication de ce conte — en 1848 — on le voit se placer à la tête de la Délégation qui va réclamer, au Parlement français, la liberté des esclaves de l'Ile Bourbon et, le premier, signer la requête qui aboutira à cette mesure d'humanité.

En dehors de ce souvenir historique, la lecture de *Marcie*

fournit des indications particulièrement intéressantes sur la façon dont Leconte de Lisle travaillait, sur le procédé par lequel il mêlait, aux fantaisies de son imagination, tantôt l'érudition, tantôt des observations directes. Et d'abord il convient de noter à quel point le décor de l'Ile Bourbon, où il fait mouvoir ses personnages, est peint avec exactitude. Cela commence par l'espèce d'acte d'adoration du créole exilé pour ce vaste tableau où resplendissent, aux premières lueurs du soleil, cette ardente, féconde et magnifique nature, qu'il n'oubliera jamais. Puis s'accumulent les détails précis sur la partie de la forêt du Bernica « qui est cultivée », aussi bien que sur la « libre étendue que couvre encore une abondante et vierge parure » où l'on voit la route de Saint-Paul à Saint-Leu « qui sépare les terres, de la savane de Boucan-Canot ».

En ce qui concerne l'anecdote même qui est la trame de *Marcie*, il est difficile de démêler si l'écrivain l'attribue aux véritables acteurs du drame ou à des prête-noms. Ceci est sûr : en sa qualité de colonial, Leconte de Lisle s'était minutieusement intéressé à l'histoire de la conquête et de l'organisation de « l'Inde française » sur laquelle, dix ans après la publication de ce conte, il écrira une longue étude où il caractérisera, en historien, les rôles de La Bourdonnais et de Dupleix.

Sans doute est-ce dans les lectures qu'il fit à ce sujet qu'il rencontra l'épisode romanesque, qui est à l'origine de sa nouvelle et qui met en scène une mésalliance : le mariage d'un Rabastens, marquis de Villefranche, avec une jeune bourgeoise Arménienne, échappée au massacre de Madras.

Leconte de Lisle n'avait qu'à regarder tout près de soi pour étudier les effets d'une telle fantaisie amoureuse. Elle était, on le sait, fort en désaccord avec les habitudes du milieu où il vivait :

« Cette union, dit-il dans *Marcie*, mécontenta M. de Villefranche, le père, mais il finit par la sanctionner comme il est d'usage. De ce mariage insolite entre l'héritier des Rabastens et la fille d'un marchand arménien de Madras, résulta la naissance d'une enfant. »

Cette enfant est Marcie.

De même façon, Leconte de Lisle se connaissait-il un oncle, le fils de sa propre grand'mère maternelle, un marquis de Lanux qui, rompant avec les préjugés créoles, avait épousé une mulâtresse. De ce mariage, qui avait jeté un froid entre les deux branches de la famille, était née cette fille, Mlle de Lanux, qui réunissait les séductions des deux races, et que le poète a chantée dans des vers qui dureront autant que la langue française [1].

Doit-on conclure de là que Leconte de Lisle ait cherché à se représenter lui-même dans ce Georges Fleurimont qui épie le passage de Mlle de Villefranche, avec un amour à la fois timide et furieux ?

Physiquement, moralement, socialement parlant, il semble bien que ce soit en effet à lui-même que Leconte de Lisle ait songé ici. Comment Fleurimont est-il peint ? Il a « de grands yeux bleus, le front large, les lèvres fines et les cheveux blonds ». Ses gestes sont ceux d'un poète : « Il s'assoit au penchant du précipice, pose son front entre ses mains et reste immobile. » Psychologiquement on nous le montre : « orgueilleux et indolent ». Pour sa passion : « elle est d'autant plus violente que sa nature normale est apathique ». Des désirs inassouvis le dévorent : « Si Marcie de Villefranche avait pu deviner que cet homme pâle qu'elle rencontrait si fréquemment dans ses promenades et qui, à sa vue, se hâtait de fuir ou de se cacher pour la suivre à la dérobée, nourrissait pour elle un amour sauvage qu'il ne pouvait contenir, à coup sûr elle se fût gardée d'affronter un danger devenu terrible ; mais à peine la fière créole avait-elle prêté une atten-

---

[1]. Voir : *Le Manchy* ; et : *L'Illusion suprême* (Poèmes Barbares).

tion passagère à ces rencontres, aussitôt effacées de sa mémoire. »

Il n'y a pas moyen de ne point penser ici, une fois de plus, à Mlle de Lanux. Et, aussi bien, semble-t-il que ce fut elle, la fille du marquis, qui dédaigna son cousin, le roturier, fils de « petits blancs », comme on nommait alors, à Bourbon, ceux qui ne pouvaient se targuer de rouler du sang bleu dans leurs veines. Sans doute la jeune fille ne pouvait l'oublier ; sa mère était quarteronne. Elle se révoltait de la défaveur que ce métissage pouvait jeter sur elle, et d'autre part elle dédaignait les autres blancs de l'Ile du haut de son marquisat.

Deux dates, 1847-1852, assignent à la nouvelle qui a pour titre : *La Princesse Yaso'da*, sa place critique dans l'œuvre de Leconte de Lisle. Ce fut en 1846 que parurent : l'*Introduction à l'histoire du Boudhisme* et l'*Histoire poétique de Krischna*, publiées et traduites par Burnouf. Leconte de Lisle, que préoccupait déjà le désir d'habiller de poésie l'histoire des religions humaines, fut un des premiers lecteurs de ces magnifiques ouvrages qui lui apparaissaient comme des révélations. Il s'y jeta avec une passion qui donna de l'inquiétude à Sainte-Beuve.

« M. Leconte de Lisle », écrivit en effet le critique dans un de ses feuilletons du *Constitutionnel*, « a quitté le paysage du midi de l'Europe et fait un pas vers l'Inde : qu'il ne s'y absorbe pas. »

Le fait est que Leconte de Lisle s'y « absorba » à ce point, qu'en 1852, il publiait, dans le premier recueil de ses vers, plusieurs de ses poèmes indiens [1].

La Princesse Yaso'da, que les lecteurs de *la Démocratie pacifique* lurent dès la fin de l'année 1847, doit être considérée comme un premier essai, en prose, de ce que l'on a pu nommer la manière hindoue de Leconte de Lisle.

1. *Poèmes Antiques*.

Elle en a tous les caractères en les exagérant.

On sait en effet que le poète était singulièrement préoccupé d'écarter, de ses œuvres de prose ou de vers, tout ce qui ne lui semblait pas scrupuleusement caractéristique d'une époque, d'un peuple, d'un génie. Dans cet effort, il se montre ici plus Hindou que son modèle le lyrique Jayadeva, « qui écrivit cinq cent soixante-treize millions d'années après que l'énergie mâle eut fécondé l'énergie femelle ». Un des inconvénients de l'art hindou est la juxtaposition des détails dans un pêle-mêle qui empêche l'œil et l'esprit de saisir l'ensemble. En effet, les temples, les bas-reliefs, les statues, les broderies, les teintures sur étoffes, les bibelots, que nous a légués l'art hindou sont aussi écrasés que sa littérature, sous cette abondance touffue.

Leconte de Lisle qui, un jour, apportera de l'ordre dans cette rêveuse incohérence, cède ici au désir juvénile de s'en enivrer. Il y a du jeu dans cet essai, et cela se sent à des détails qu'il faut noter au moins en marge.

Si, plus tard, il y eut encore une part de gageure dans le glorieux entêtement avec lequel le poète rima son œuvre hindoue au milieu de l'indifférence de la majorité de ses contemporains, et si, volontairement ou non, dans quelques-uns de ses poèmes des plus parfaits, il a laissé percer une nuance d'ironie, dans la *Princesse Yaso'da* ce sourire est apparent. Ici la disposition railleuse de l'écrivain se donne libre carrière, aux dépens, non seulement du lecteur, mais des philosophes hindous eux-mêmes. On y relève, en abondance, des traits comme ceux-ci : « Les Sages admirent avec délices le regard bienveillant qui s'écoule des grands yeux du roi Satyavrata; mais la race perverse contemple en frémissant la ligne droite de son nez auguste, signe infaillible de l'inflexibilité de sa justice. »

La délicieuse petite princesse Yaso'da elle-même, « la perle du monde », n'échappe pas à ces satires. Elle est trop différente des beautés de la Hollande ou des vierges celtiques. Aussi notre auteur remarque qu'elle a « le nez pointu comme la flèche du désir ».

Ce sont là des éclairs qui traversent l'œuvre entière de Leconte de Lisle, comme ils passaient dans son clair regard, lorsque ayant décoché avec un sourire quelque mot mordant, il laissait tomber son monocle et abaissait ses paupières.

Mais cette ironie n'est pas le seul lien qui unit ces fantaisies en prose et les plus belles d'entre les pièces hindoues des *Poèmes Antiques*, elles ont encore, en commun, l'émotion et la profondeur du sentiment.

Le même railleur qui vient de se moquer du pieux roi occupé à se mouiller les oreilles en l'honneur du Dieu conservateur de l'Univers, se penche, sans vertige, sur l'insondable abîme de la Sagesse hindoue. Son cœur, si vite las, si définitivement épris de repos, aime à s'enivrer de la promesse que les yeux du sage se fermeront sur « les manifestations visibles et passagères, et qu'un jour viendra où ses oreilles n'entendront plus rien des bruits sensuels ».

... « Que verraient en effet les justes? qu'entendraient-ils ? L'abîme de ce qui est un, et par soi-même est noir, inouï. »

Et Leconte de Lisle ajoute : « Telle est la doctrine des Justes. Elle est consolante. »

De pareils traits dépassent le plaisir, qu'au sortir d'une lecture dont son imagination s'est divertie, un écrivain éprouve à donner une première forme aux réflexions ou aux rêveries que le tête-à-tête avec un poème archaïque a suggérées en lui. Elles seront le leit-motiv même de la philosophie de Leconte de Lisle. Elle se dessine ici avec netteté.

Aussi bien ces pages de prose, liminaires de l'œuvre du poète, que la piété littéraire de la *Société normande du Livre illustré* a voulu recueillir, ne font-elles pas penser à ces palettes de peintre que des amateurs passionnés collectionnent pour y relever des traces, toutes fraîches, de la « manière » de l'artiste ?

En effet, à travers cette captivante collection de récits, on peut découvrir l'ébauche de tout ce qui sera, un jour, la pensée et le génie du poète, à savoir : la passion de la nature, la passion de l'histoire, la passion et la crainte de la femme, la passion et la pitié de la créature, l'engloutissement final des désirs et des apparences sensibles dans une philosophie qui submerge tout.

Ainsi, dès la première et juvénile manifestation de son activité littéraire, le poète se révèle tel que des forces, qu'on n'élude point, l'ont dégagé du bloc héréditaire, tel que ses rêveries, ses aspirations personnelles, l'ont déjà modelé. Dans l'incertitude philosophique, politique et littéraire de son temps, Leconte de Lisle se dresse vraiment comme un de ces phares, robustes et blancs, qui bordent les falaises normandes, qui explorent l'horizon de leurs feux tournants, qui entraînent, dans l'orbe de leur lumière, tout le palpitement de la vie ailée, et, qui, à travers les périls de la nuit et de la tempête, enseignent, aux tremblants navires, où est l'écueil et où est le port.

JEAN DORNIS.

Louveciennes, 1; juillet 1909.

MON PREMIER AMOUR

EN PROSE

> ...C'est bien tôt pour mourir !
> LAMARTINE.

S'IL m'était permis, comme au temps des préfaces chevaleresques, de donner pour sauvegarde à mon premier amour en prose le sourire d'une seule de mes lectrices, je me souviendrais sans frayeur que

« L'esprit qu'on veut avoir gâte celui qu'on a, »

comme le disait Gresset, en véritable égoïste, attendu qu'il en avait beaucoup. Or, ne me serait-il pas facile d'abuser impunément d'une confiance sans arrière-pensée, à moi qui suis fort spirituel par étude? — Cependant, que mes lecteurs se rassurent et me pardonnent de les revêtir du *pluriel ambitieux* de M. T. Gautier. Si j'étais spirituel aujourd'hui, je craindrais que le charme de ma simplicité naturelle ne disparût complètement sous le prestige de l'art ; — aussi, vais-je raconter mon premier amour en prose dans toute sa naïveté.

Il y avait donc une fois un beau pays tout rempli de fleurs, de lumière et d'azur. Ce n'était pas le Paradis terrestre, mais peu s'en fallait, car les anges le visitaient parfois. L'Océan l'environnait de ses mille houles murmurantes, et de hautes montagnes y mêlaient la neige éternelle de leurs cimes aux rayons toujours brûlants du ciel. Or, je vivais, si je ne croyais vivre, dans un des doux recoins de ce pays. Je n'admirais rien, avec le pressentiment sans doute que l'admiration m'eût rendu fou; mais, en revanche, j'aimais instinctivement tout ce qui m'apparaissait, le ciel, la terre, la mer et les hommes; — si ce n'étaient les femmes, qui échappaient à ma sympathie et plus encore à mon intelligence; car, quoique je fusse fort jeune, et que la jeunesse soit comme un miroir où se réfléchissent les choses célestes, j'ignorais, je l'avoue, qu'il existât des anges. Mes yeux crurent s'en apercevoir avant mon cœur, et mon premier amour en prose en advint comme il suit.

Je me rendais un dimanche matin à l'église, en suivant le

bord d'une large chaussée plantée de tamarins et de bois noirs à touffes blanches. Des groupes de dames et de jeunes filles passaient à mes côtés, avec celles de leurs camáristes noires qui portaient leurs livres et leurs éventails de plumes; et tout ce cortège, vert, blanc, rose et bleu, ondulait autour de moi sans que j'y prisse garde. Il me serait difficile de préciser les véritables causes de ma distraction; mais si l'on était désireux de les apprécier, c'était peut-être que deux sénégalis entrelaçaient sur les palmes voisines la cendre nacrée de leurs ailes; ou qu'une de ces larges araignées écarlates et noires qui tendent leurs fils d'argent d'un tamarin à l'autre, se laissait bercer au soleil du matin par la brise de mer, comme un gros rubis jaspé de jais; — ou bien que la brume des montagnes, que la chaleur n'avait pas encore absorbée, flottait comme un voile de gaze brochée d'or, sur les dentelures aériennes des mornes; — mais peut-être aussi, était-ce que je ne pensais à rien et que je marchais sans voir. Que sais-je ? Aucune de ces différentes causes de distraction n'était impossible, pas même la dernière; et si le lecteur veut bien m'indiquer celle d'entre elles qui mérite le plus son choix judicieux ou le suffrage éclairé de sa science psychologique, je m'empresserai d'être de son avis. Quoi qu'il en soit, nous arrivâmes bientôt à l'église et la messe commença.

Je regardais depuis longtemps cette foule brillante et peu attentive, ces jeunes lions d'outre-mer, sorte de ménagerie béotienne, type encore ignoré, — qui, sveltes, jaunes, maigres, vêtus de blanc, le chapeau gris à larges bords d'une main, et l'autre facilement appuyée sur leurs reins cambrés, entraient, saluaient, sortaient, revenaient, lorgnaient, causaient et s'ennuyaient; lorsque mon regard s'arrêta comme par hasard sur un léger chapeau de paille à roses blanches et à rubans cerise, qui se tenait incliné sur un livre. Certes, ce chapeau était charmant et du meilleur goût, mais il m'importait fort peu : j'attendais qu'il se relevât. La sonnette d'un enfant de chœur détermina, après cinq minutes séculaires, le mouvement désiré; et, comme j'étais exactement en face, je demeurai immobile, pâle, et tellement inondé de joie et de frayeur tout ensemble, que je me crus attaqué d'une fièvre cérébrale. Mon regard s'éblouit et je tombai sur une chaise.

— Monsieur, me dit tout bas l'inoffensive voix du suisse, monsieur, pourquoi pleurez-vous?

Je le regardai avec étonnement et j'étendis la main vers lui, comme pour l'engager tacitement à se mêler de ses affaires, mais le digne homme, se méprenant évidemment, passa sa hallebarde de droite à gauche, tira de sa poche une modeste tabatière en mouffia, et me l'offrit avec politesse.

Cette dernière prévenance m'exaspéra, et je repoussai la tabatière si brusquement qu'elle échappa de sa main. Il me lança un regard indigné, ramassa le mouffla vide, et s'éloigna d'un pas grave. Pour moi je m'enfuis de l'église et je fus mêler, disait un académicien, ma douleur aux gémissements des flots orageux. Malheureusement, la mer était fort calme, et je pleurais de joie plutôt que de tristesse, quoique je ne susse pas trop ce que j'éprouvais : mon premier amour m'avait assailli comme un coup de vent. Car j'étais amoureux, et amoureux de la plus délicieuse peau orangée qui fût sans doute sous la zone torride! Amoureux de cheveux plus noirs et plus brillants que l'aile d'un martin de la montagne! Amoureux de grands yeux plus étincelants que l'étoile de mer qui jette un triple éclair sous la houle du rescif!... et tellement amoureux, tellement ravi, le cœur tellement gonflé de bonheur... que je tombai malade dès le soir même, attendu que je ne voulais plus ni boire ni manger, ni parler ni dormir, et que j'étais devenu pâle comme un de ces hommes de mauvaise mine qu'on appelle des poètes. Hélas! ce temps de joie et d'espérance ne pouvait durer! Au bout de huit jours, il fallut me lever, et la tristesse revint avec la santé. Alors, je n'eus plus qu'un seul rêve, qu'un seul but dans la vie, ce fut de retrouver le chapeau de paille à roses blanches et à rubans cerise. Or, le lendemain de ma complète guérison, je montai à cheval et je galopai sur le chemin de la montagne.

Je me souviens que, sur la route, je me tenais à peu près ce langage : —

« Si le soleil du paradis s'est joué doucement sur tes lèvres roses, ô mon âme ! je sais un soleil plus doux encore : le connais-tu ? —

« Si quelque ange a mis dans ton sourire un souffle plus limpide et plus parfumé que la senteur de la myrrhe, — je sais un souffle qui donne des ailes pour le ciel : le connais-tu ?

« Si la nuit éblouissante a couvert tes cheveux noirs de son ombre divine, — je sais un voile plus discret et plus beau : — le connais-tu ?

« Ce doux soleil, ce voile discret et beau, ce souffle céleste, ô mon âme, c'est l'amour ! — »

Voilà mon titre justifié, et j'en suis charmé ; car j'ai toujours trouvé du plus mauvais goût de spéculer sur un titre. Cette réflexion pourrait bien avoir un grand sens philosophique, mais je n'en déciderais pas. A peine avais-je achevé ma dernière strophe, que j'aperçus venir à moi un beau manchy porté par huit esclaves. Il faisait une légère brise qui en soulevait de temps à autre le rideau de soie bleue, aussi me fut-il permis de jeter en passant un regard distrait sur la personne qu'il renfermait. J'allais le dépasser, lorsque tout à coup je poussai un cri d'étonnement que les nègres porteurs prirent probablement pour un hurlement de colère car ils s'arrêtèrent devant moi immobiles et stupéfaits. Par les mille rayons du soleil ! j'avais reconnu mon chapeau de paille à roses blanches et à rubans cerise !

Oh ! Cervantès, que n'avais-je ta lance de chevalier errant pour disperser ces huit gardiens de ma peau orangée ! pour l'enlever sur mon destrier rapide, pour l'emporter mourante au fin fond des forêts de la montagne, afin d'y vivre à deux d'amour... et d'eau fraîche !... Mais non, hélas ! je restai là, sans parler, sans bouger, et si longtemps que les noirs prirent le parti de déposer le manchy à terre, et d'avertir leur maîtresse qu'un jeune blanc les empêchait d'avancer.

« Ante leves ergo pascentur in æthere cervi ! »

disait, il y a dix-neuf cents et quelques années, Virgilius Maro, d'immortelle mémoire. Hélas ! je me souviendrai bien longtemps des paroles qui sortirent alors du manchy ! —

— Louis ! cria une voix aigre, fausse, perçante, saccadée, méchante et inintelligente : Louis, si le manchy n'est pas au quartier dans dix minutes, tu recevras vingt-cinq coups de chabouc ce soir ! —

Le pauvre diable de commandeur noir fit soulever sa maîtresse à la hâte, et allait se remettre en route ; mais je descendis de cheval, je l'arrêtai, puis je m'approchai du manchy et je demandai à la plus ravissante tête de femme que j'aie vue et que je verrai jamais :

— Madame ou mademoiselle, veuillez avoir la bonté de me dire si la voix que je viens d'entendre est bien la vôtre ?

— Que vous importe ! répondit l'horrible accent en déchirant des lèvres de corail. Laissez-moi passer, monsieur. Quant à Louis, il aura ce soir ses vingt-cinq coups de chabouc !

Je pris une pose grave et triste, j'étendis la main vers cette perle de la nature matérielle qui ne renfermait pas d'âme ; et je dis :

— Madame, je ne vous aime plus ! —

Elle me répondit par un éclat de rire strident, et s'éloigna portée par ses noirs. Quant à moi, je remontai à cheval et je poursuivis ma course sans but désormais. Trois jours après, j'étais à la cime du Grand-Bénard, des forêts de calumets nus à mes pieds et l'immensité autour de moi. Là, je pleurai la fuite de mon premier amour en prose, que j'écrivis en vers sur le tronc d'un ébénier blanc. Puis je descendis vers Saint-P..., et le dimanche suivant, la chaussée plantée de tamarins et de bois noirs à touffes blanches me revit suivre ses bords pour me rendre à l'église. Seulement si j'étais encore distrait, ce n'était pas la faute des sénégalis cendrés ou des araignées écarlates et noires, car je rêvais toujours à cette voix maudite sortant des lèvres de rubis de ma peau orangée.

Voilà le récit naïf mais véridique de mon premier amour en prose. Si le lecteur désirait ardemment entendre celui de mon autre premier amour, j'aurais bien l'honneur de le remercier de sa bonne volonté, mais celui-là ne peut s'écrire.

UNE PEAU DE TIGRE

Dans un de ces vastes hôtels qui entourent la belle place de la Bourse, au Cap de Bonne-Espérance, une jeune femme s'accoudait gracieusement sur le bord intérieur d'une des fenêtres d'un large appartement, où la richesse et le bon goût européens s'unissaient au luxe oriental. — Si l'auteur de cette curieuse histoire avait l'honneur de se nommer M. de Balzac, il n'hésiterait nullement à faire la description suivante. — Le bras gauche de cette jeune femme reposait sur un petit meuble en bois-rose, du travail le plus étrange. On eût dit d'une mosaïque vénitienne. Aux quatre angles de ce chef-d'œuvre d'inutilité, — si toutefois il n'y a de franchement utile que ce qui passe en général pour être inutile, — se groupaient des figures japonaises exécutées de perles fines; et sa surface plane était tellement parsemée d'imperceptibles rubis, qu'au premier coup d'œil il était impossible de distinguer autre chose qu'une large étoile. L'unique pied de ce meuble était formé d'un tronc de liane à veines rouges et bleues. Mais ce qu'il avait peut-être de plus original, était une très petite serrure en or dont le mécanisme intérieur avait fait obtenir un brevet d'invention. Quoi qu'il en soit, un élégant tiroir factice aurait pu s'ouvrir à l'aide de cette serrure inappréciable. — Pourtant l'auteur ne fera pas cette description, non dans la crainte qu'elle n'explique nullement le rapport qui existe entre son titre et un meuble en bois-rose, mais bien parce qu'il n'a pas l'honneur de se nommer M. de Balzac. L'appartement était tendu de draperies blanches et bleues, à torsades d'argent. Les fauteuils rotinés se renversaient nonchalamment en arrière au milieu des chaises rotinées aussi, mais droites et frêles. Un divan blanc et bleu occupait le fond et dominait une grande peau de tigre étendue devant lui : c'était une terrible dépouille à longs poils rayés, brûlée par le pur soleil du Bengale. Ses griffes étaient d'or et s'enfonçaient à demi dans le tissu de cachemire qui couvrait le parquet; ses dents d'argent soulevaient ses lèvres rouges, et ses yeux de topaze, ronds, immobiles et brûlants, semblaient s'élancer du front large et aplati. En face de ce tapis en quelque sorte vivant, une haute porte se dessinait en trèfle.

Bientôt la jeune femme retourna doucement la tête et permit ainsi au lecteur d'apercevoir une noble figure, pleine de charme et de dignité; des yeux d'un bleu foncé exprimant beaucoup d'attente et un peu d'inquiétude, et de longs cheveux châtains tombant en boucles autour de joues couvertes d'une légère pâleur aristocratique. — L'auteur s'étant assuré de son agrément, a l'honneur de présenter lady Edith Sommerset à toutes celles et à tous ceux qui ont assez de bon goût et de bienveillance pour le lire. — Lady Edith se retourna donc vers le fond de son appartement, comme pour y chercher quelqu'un ; mais personne ne se présenta à ses regards, ce qui parut vivement la contrarier, quoiqu'elle sût à ne pas s'y méprendre que cela n'était que très naturel, puisqu'elle était seule. Alors elle se leva et fut se jeter sur le divan, en s'écriant tout haut : — Henry ! Henry ! que vous êtes cruel !

Un long quart d'heure se passa, et comme celui dont elle se plaignait ne venait pas se disculper, elle étendit vivement la main vers le cordonnet de soie blanche qui tombait à son côté, et l'agita avec impatience. Un esclave entr'ouvrit la grande porte en trèfle et dit :

— Madame?

— Sylphe, ordonna lady Edith, donnez-moi ce livre.

Sylphe était un jeune Hottentot de seize à dix-huit ans, qui pouvait bien avoir trois pieds de large sur deux d'élévation. La couleur de sa peau était violemment soupçonnée d'approcher du bistre le plus pur, et ses lèvres ambitieuses, tout en envahissant ses larges joues, couvraient une très grande partie de ses narines écrasées. Bref, Sylphe était très laid et très heureux d'ignorer qu'il portait une sanglante ironie pour nom. Il remit à sa maîtresse le livre demandé et sortit. Celle-ci feuilleta quelque temps avec négligence et finit par lire ces quelques mots :

A Mademoiselle A. L. de L.

O brises qui venez des cieux !
Et qui riez sur toutes choses !
De vos baisers capricieux
Pourquoi ravir l'encens des roses ?

N'est-il plus de célestes eaux ?
Votre coupe est-elle épuisée,
Que dans nos fleurs, divins oiseaux,
Vous vous abreuviez de rosée ?

Hélas! la rosée, onde et feu!
Qui met des perles aux feuillages,
Comme le bonheur dure peu!
Laissez-nous-la, brises volages.

Vous avez, au soleil de mai,
Le flot aux plaintes étouffées;
Sous votre souffle parfumé
L'arbre devient un nid de fées!

Vous jouissez, groupe joyeux!
Nous rêvons, sombre créature!
Ambitieuses, dans les cieux
N'enviez pas notre nature.

Brises, guidez votre essor pur
Loin de nos terrestres mélanges :
Vous êtes filles de l'azur,
Vous êtes le rire des anges!

Riez, folâtrez et passez,
O mes célestes infidèles!
Vos souffles frais entrelacés
Comme un vif essaim d'hirondelles!

Emportez l'encens de nos fleurs
De nos montagnes à nos grèves,
Mais du moins laissez-nous les pleurs
Qu'elles versent dans leurs doux rêves !

O chimères, flots inconstants !
Éclairs d'amour et de jeunesse,
Qui ravissez en peu d'instants
L'espoir, sans crainte qu'il renaisse !

Vous êtes les brises du cœur,
Illusions, baisers, haleines !
Et lorsque nos âmes sont pleines,
Vous fuyez, chant doux et moqueur !

Ici lady Edith jeta le livre sur le divan avec impatience et voulut se lever, mais la blonde qui garnissait sa robe s'arrêta entre les dents du tapis et se déchira. Alors elle reprit sa première position, se mit à contempler la peau du tigre et finit par pleurer.

Quelque bonne opinion que l'auteur ait conçue de ses lecteurs, il se permettra dans ce moment de douter de leur pénétration. En effet, savent-ils bien pourquoi la peau de tigre, l'inquiétude de lady Edith et ses larmes ? L'auteur ne pense pas que ses lecteurs sachent les causes de tout cela. Ce n'est pas qu'il ne soit peut-être lui-même dans la même catégorie, attendu que ce qui suit ne prouve pas le contraire.

En avril 1820, — huit mois environ avant la scène que nous venons d'esquisser, des flots de brume ensevelissaient l'immense baie du Cap de Bonne-Espérance, et les navires seuls qui marchaient à quatre ou cinq lieues des côtes eussent pu distinguer, au-dessus de ce nuage opaque, la cime plate de la Table et de la Croupe du Lion, cette gigantesque sentinelle, immobile et accroupie, qui voit se dérouler à ses pieds la belle ville du Cap, avec ses monuments blancs, ses maisons peintes, ses temples sévères et son église élancée, surmontée d'une croix d'or qu'on voit étinceler d'une lieue dans la baie. Il était environ six heures du soir, et le soleil s'abaissait lentement derrière Constance, en perçant de mille flèches d'écarlate la brume et les feuilles blanches des arbres d'argent, au moment où, sur la route qui conduit à l'Ouest, un beau cheval du pays, aux formes arabes, grêles et nerveuses, faisait tourbillonner des flots de poussière rouge sous un galop impétueux. Un jeune homme le montait. Il était couvert d'un long manteau brun et d'un chapeau à larges bords qui voilaient à demi ses traits. Celle d'entre ses mains dégantées qui ne tenait pas les rênes, s'appuyait négligemment sur l'un des pommeaux brillants qui sortaient des fontes de la selle, et l'extrémité d'un long sabre de cavalerie apparaissait par intervalles sous les bords du manteau soulevé par la course tourmentée du cheval. Ce jeune homme se nommait lord Henry Sommerset, héritier d'une pairie et de plusieurs millions de revenus, à qui son amour pour miss Edith Polwis, du Cap, faisait braver pendant la nuit la savane et la Montagne des Tigres, retraite actuelle d'un royal indou, échappé de la ménagerie d'un naturaliste français. Cependant lord Henry se penchait souvent avec impatience sur le cou de son cheval, comme pour interroger la route qui fuyait et se perdait au loin dans la brume; puis il reportait ses regards vers la cime de la Table d'où s'élançaient des torrents de vapeurs dispersées par la brise de la terre. La nuit descendait rapidement, et bientôt la route devint tellement sombre que ce ne fut qu'après plusieurs tentatives vaines que le sentier étroit qui coupe diagonalement la savane du Cap s'ouvrit, et se referma derrière le jeune lord. — Pendant une longue demi-heure, le cheval passa comme un éclair au travers des hautes herbes qui s'abaissaient et se relevaient sous lui avec un frissonnement sec. Nul obstacle caché ne l'arrêtait, car outre l'excellence de ses mouvements, le sentier était généralement peu accidenté. Cependant lorsqu'il fut arrivé vers la partie la plus affaissée du terrain, lord Henry sembla entendre bien loin derrière lui un bruit sourd dont il ne put deviner la cause. Il crut s'être trompé et continua sa course. Mais cinq minutes s'étaient à peine écoulées, que le même bruit se répéta comme s'il approchait, et Sommerset distingua un froissement d'herbes, qui, malgré son éloignement, indiquait à ne pas s'y méprendre une course rapide et saccadée vers l'endroit où il se trouvait. Tout à coup, son cheval s'arrêta, les flancs agités de terreur et tout couvert d'écume; il l'excita des deux éperons, mais inutilement, car loin d'avancer, il s'affaissa sur ses jambes de derrière, poussa un hennissement plaintif et resta couché, la tête allongée et fumante.

Lord Henry se débarrassa des étriers, prit un pistolet de chaque main, les arma avec soin et attendit. Tout à coup un horrible rauquement l'assourdit, les herbes de la savane s'écartèrent violemment en s'écrasant, et en moins de trois secondes, un poids énorme le renversa, deux fers rouges s'enfoncèrent dans ses épaules, un coup de pistolet partit et tout fut dit.

La nuit s'écoula. Vers quatre heures du matin un jeune Hottentot rencontra au milieu de la savane un beau cheval complètement harnaché qui errait sans maître. Il voulut s'en emparer, mais le cheval lui échappa et le conduisit à sa poursuite dans le sentier de la montagne. Là gisaient, sanglants et inanimés, un homme et un énorme tigre du Bengale. Le Hottentot remua curieusement du pied le terrible animal, et s'aperçut qu'une balle lui était entrée dans l'œil droit pour sortir un peu au-dessous de l'oreille gauche, d'où il conclut que celui-là devait être incontestablement mort. Quant à l'homme, il le ranima avec l'eau de sa calebasse et le porta au Cap, où, en guise de remerciement, il fut attaché au service de lord Sommerset, puis reçut cent guinées et le surnom de Sylphe.

Lord Henry écrivit à miss Edith Polwis qu'un voyage indispensable l'appelait à l'île Maurice, et il resta trois mois à se guérir complètement des rudes atteintes de son adversaire vaincu par la grâce de Dieu. Seulement, en sa qualité de vainqueur, il voulut s'approprier un éclatant souvenir de lui, en changeant ses yeux en topazes, ses dents en argent, ses griffes en or et sa noble peau en un superbe tapis. Puis, il revint de l'île Maurice, quoiqu'il n'eût pas bougé du Cap, pour aller prier à genoux miss Edith Polwis de vouloir bien fouler de ses pieds délicats la dépouille de son ennemi ; ce que miss Edith lui accorda avec sa main.

Le lecteur sait maintenant, — du moins l'auteur a la très grande ambition de le croire, — pourquoi lady Edith Sommerset pleurait en contemplant la peau de tigre dont les dents venaient de déchirer la blonde de sa robe; mais il a le droit de savoir aussi pourquoi lord Henry causait à sa jeune femme une telle inquiétude. L'auteur ne veut pas essayer de lui contester ce dernier privilège; cependant, grâces en soient rendues aux nouvellistes modernes, et surtout à MM. de Balzac et Alphonse Karr, dont il s'honore de suivre l'exemple, il croit pouvoir se dispenser d'être plus clair.

LE SONGE D'HERMANN

> Là où est l'amour, une pensée, une forme, il se fait un corps.
>
> LAMENNAIS.

I

Le bord d'une petite rivière. — Le jour baisse.
Entrent Hermann et Siegel, étudiants.

SIEGEL, chantant.

Il était un roi dans Thulé
Jusqu'au tombeau toujours fidèle...

Par l'âme de Gœthe ! j'ai beau chanter, la fatigue me serre la gorge et me plombe les jambes. Je meurs de sommeil.

HERMANN.

Nous sommes encore à trois lieues de la ferme de mon père; l'air est tiède; si nous passions la nuit ici? — Cette belle mousse vaut bien quelque coin enfumé de la dernière taverne que nous avons rencontrée, et d'où j'ai eu tant de peine à t'arracher.

SIEGEL.

Mousse, ma mie, vous êtes pleine et molle comme la plume de l'eider ! dussiez-vous même renfermer une feuille de rose, je ne suis pas assez sybarite pour vous la reprocher. — Je me couche. — Diable ! les courroies de mon havresac m'ont blessé l'épaule.

HERMANN.

Vois donc comme cette rivière est charmante, Siegel.

SIEGEL.

Frère Hermann, la science est un mauvais oreiller : mes Institutes commentées m'écorchent le cou, et mon Digeste est dur comme une pierre. — Enfin, tout est pour le mieux dans le pire des mondes possibles.

HERMANN.

On dirait le calme dans la grâce. Les glaïeuls frissonnent

et se plaignent, la lune se lève là-bas derrière la montagne et l'eau s'argente de lueurs mélancoliques.

SIEGEL.

Un poète fantastique prendrait cela pour une ronde d'ondines en train de danser sous leur plafond liquide. Grand bien lui fasse ! je suis payen ce soir, et je regrette infiniment de ne pouvoir emboucher la flûte syracusaine du fils de Praxagoras. Que ne suis-je Tytirus de Mantoue ! — O blanches naïades qui tressez vos cheveux azurés au fond de vos grottes de nacre ! — Dryades et Amadryades, faunes et satyres, divines formes des bois, soyez-moi propices ! — J'ai ce soir des instincts particulièrement idylliques; j'ai soif de combats alternés. — Faites, ô dieux, que ma pipe soit bonne et que mon tabac morave brûle bien ! — *Dixi*. (Il allume sa pipe.)

HERMANN.

Frère, il y a dix ans que je n'ai revu cette rivière.

SIEGEL.

Le proverbe arabe dit : Il vaut mieux être assis que debout, et couché qu'assis. Le proverbe a raison et la rivière l'emporte sur beaucoup de gros fleuves fort laids.

HERMANN.

Si je ne savais, Siegel, que tu te fais souvent un jeu de feindre une froide ironie à l'endroit des choses que tu admires le plus, je croirais parfois que tu n'as rien dans le cœur et rien dans la tête.

SIEGEL.

Grand merci, frère Hermann.

HERMANN.

Voici bien des années que nous nous connaissons. J'étais le souffre-douleurs de l'Université. Plus fort et plus considéré que moi, tu m'as pris sous ta protection, et je t'ai aimé pour ta bonté et ta bravoure; mais pourquoi railles-tu mon émotion? Tu n'es pas né comme moi sur le bord de cette rivière. Pourquoi ris-tu de tout?

SIEGEL.

Je ris pour ne pas pleurer.

HERMANN.

Que veux-tu dire? ne saurais-tu me répondre sérieusement?

SIEGEL.

Pleurer est facile, ne rit pas qui veut. A vrai dire, notre pauvre monde ressemble un peu aux parades de la foire. Chacun, à son heure et en son lieu, monte sur les tréteaux du paillasse. Or, le paillasse qui pleure est hué. Heureux ceux qui rient ! ce sont les sages. — Le monde antique était plus indulgent ; il accordait un masque à l'histrion ; libre à lui de pleurer dessous. Mais, de notre temps, on cloue le rire aux lèvres. Vois-tu, frère Hermann, il faut entrer dans la vie sociale, et se faire place, à la blafarde lueur des quinquets enfumés de la rampe, sur ce vaste théâtre où grimace la divine humanité. — Ah ! ah ! j'étudie mon rôle, moi ! Je commence à rire assez agréablement de l'amour, de la beauté, de Dieu ! que sais-je ! — Il est bon de comprendre son siècle. Que faut-il pour cela? se prosterner devant un écu, et salir une sainte admiration de la justice et de la beauté éternelles, par cette maxime stupide : « Tout cela est bel et bon, mais il faut manger pour vivre ! » — Je te le dis, frère Hermann, je rirai de tout, afin de ne pas pleurer des larmes de sang.

HERMANN.

Il y a une profonde amertume dans tes paroles, Siegel ; une amertume que je n'avais jamais soupçonnée. D'où vient cela? ainsi tu étais malheureux, et tu ne m'en disais rien ! Mais ici, frère, par cette soirée calme et pure, seul avec un homme qui t'aime, ne te sens-tu pas pénétré d'un bonheur mélancolique? Écoute, comme tous les bruits du jour décroissent dans un ensemble parfait. On dirait que tout chante avant le sommeil.

LE VENT DANS LES FEUILLES.

L'ombre efface, peu à peu, les contours du fleuve, et voile le ciel comme un rideau. Beaux arbres que tout le jour j'ai agités de mon haleine, chers oiseaux que j'ai bercés sur les branches mobiles, fleurs charmantes dont j'ai porté le doux parfum sur la montagne et dans la plaine, adieu. Voici le soir : le hameau se cache dans un pli du vallon; l'horizon sommeille déjà, toute la nature se recueille, je vais dormir.

L'OISEAU SUR LE BORD DU NID.

Les rayons du couchant pâlissent, le vent murmure à

peine dans les arbres, et mes petites ailes fatiguées se ferment d'elles-mêmes. Chantons le dernier air de la journée et endormons-nous. Aux premières lueurs qui s'éveilleront à l'est, il me faudra quitter ma retraite et bâtir un beau nid pour ma compagne.

L'EAU DU FLEUVE.

Les demoiselles vertes et bleues qui me ridaient de leurs ailes diaphanes, s'enfuient avec le soleil. Les frileuses ont peur de moi, et pourtant je suis encore tiède et limpide. Mais le jour baisse, les glaïeuls se penchent d'un air mélancolique, et je roule en murmurant comme la voix d'un enfant qui récite sa prière.

L'ABEILLE CESSANT DE BUTINER.

Les plus fraîches d'entre les fleurs m'ont tendu leurs calices, et, dès l'aurore, je me suis abreuvée de leur encens. J'ai tout effleuré, j'ai tout baisé de mes petites lèvres avides, depuis le lys royal jusqu'à l'humble marguerite, et mes quatre ailes se sont couvertes de la poussière brillante de mes bien-aimées. Il est temps de rentrer à la ruche; voici le soir, et mes compagnes s'impatientent.

LES INSECTES DANS L'HERBE.

Il se fait un grand silence. La luciole s'allume là-bas comme une pâle étoile des champs, et l'oiseau met son cou sous son aile. C'est assez babiller dans nos palais de gazon ; endormons-nous sur nos brins de mousse.

LES TRAVAILLEURS REVENANT DE LA MOISSON.

Tout repose déjà. Retournons à notre foyer, la faulx sur l'épaule, et chantons gaiement. La moisson est belle et le travail facile. Le sourire de nos femmes et de nos filles nous appelle de loin. Allons boire avant le sommeil un verre de bonne bière allemande.

LE ROSSIGNOL PRÉLUDANT.

Les fioritures vont s'échapper à pleines volées de mon gosier frémissant, et j'ai le bec tout rempli de gammes chromatiques. Taisez-vous, taisez-vous ; je ne chanterai que lorsque vous serez tous endormis.

HERMANN.

La nature est une lyre vivante. Malheureux mille fois ceux qui ne sentent pas chacune de ses cordes divines vibrer dans leur cœur !

SIEGEL.

Hermann, Hermann ! ceux-là sont les heureux de la terre.

HERMANN.

Oh ! les pauvres heureux !

SIEGEL.

O mon frère ! ce langage est bien étranger à mes lèvres, mais sache-le : la contemplation constante de la beauté visible et invisible dans la nature, cette seconde ouïe de l'âme, qui prête des chants mélodieux ou sublimes aux diverses formes organiques, cette étincelle divine qui vivifie le bois et l'argile, développent dans l'âme d'immenses désirs irréalisables, des aspirations généreuses, mais vaines, vers un but à peine entrevu, un vague besoin d'irrésistible tendresse pour ce qui n'est peut-être pas ! c'est la soif de Tantale ! prends garde !

HERMANN.

Quoi ! Siegel, la beauté n'est-elle donc pas ? Ces aspirations qui m'entraînent à elle, ce désir de justice et d'harmonie qui brûle mon cœur, cet amour de l'humanité qui souffre et se lamente, ô cette admiration filiale du globe où je suis né, Siegel! tout cela n'est-il donc pas? Dieu nous a-t-il créés pour l'enfer éternel, avec la vision splendide du bonheur et de la beauté, comme une raillerie infernale de notre faiblesse et de notre douleur? non, non! O Siegel, j'aime une femme.

SIEGEL.

Une femme! Je ne savais pas cela. Où l'as-tu vue?

HERMANN.

Je ne l'ai jamais vue et j'ignore son nom. Nulle bouche humaine ne m'en a parlé, aucun livre n'a décrit sa beauté.

SIEGEL.

Et tu aimes cette femme?

HERMANN.

Je l'aime d'un grand amour.

SIEGEL.

Frère Hermann, tu es fou.

HERMANN.

Il y a une chose triste à penser, c'est que le doute et la foi de l'homme n'ont en général aucune raison d'être.

SIEGEL.

A la bonne heure ! Mais cette femme est un rêve.

HERMANN.

Non, Siegel. Cette femme est le type humain de la beauté que j'aime dans la nature. Les plus sublimes créations du cœur ont une réalité, sois-en sûr. Je rencontrerai cette femme sur la terre ou dans un autre monde, je ne sais, mais je l'y rencontrerai.

SIEGEL.

Soit ; mais tu la cherches sans la trouver, et tu souffres.

HERMANN.

Je souffre, mais ma douleur m'est sacrée ; je pleure, mais non des larmes de sang, comme les tiennes.

SIEGEL.

Hélas ! elles sont de sang parce qu'elles tombent d'un cœur vide. Je suis désenchanté sans avoir vécu.

HERMANN.

Ne dis pas cela. Tu as en toi une force divine qui te sauvera : la jeunesse !

SIEGEL.

Je suis vieux, te dis-je, j'ai vingt ans. L'amertume déborde de mon âme. Va! je me connais bien. Les cordes d'or de l'intelligence ont été faussées en moi. Je les fais vibrer encore, mais elles ne rendent plus qu'un son vague et incomplet, comme si elles pleuraient sur elles-mêmes... (Un silence.)

Bah! au diable la lune et la tristesse! Ma pipe est achevée, rallumons-la et fumons. — Vois-tu, Hermann, je t'en veux des fariboles que je t'ai dites; ne va pas en croire un seul mot, au moins! — Tu es fou, fou à lier; tu finiras à l'hôpital. — L'Assyrien, ivre de libations et de courtisanes, le divin Sardanapale avait raison : — Tout cela ne vaut pas une chiquenaude! — Je me suis moqué de toi, mon pauvre Hermann, et j'ai eu tort. Tiens, si tu veux m'en croire, nous irons boire un ou deux pots de bière à la taverne du village, tout près d'ici. La place n'est plus tenable; voici, le diable m'emporte! les grenouilles qui commencent à chanter ce qui est peu réjouissant auprès des joues roses des servantes de taverne. Allons, en route!

HERMANN.

Frère, tu souffres, et ton rire me fait mal.

SIEGEL.

Viens-tu à la taverne?

HERMANN.

Qu'y ferais-je?

SIEGEL.

On y danse, on y joue, on y jase, on y rit, on y fait l'amour ! Tout comme dans la nuit de Walpurgis. Trouve-moi quelque chose de mieux, disait Méphistophélès à Faust. Viens-tu à la taverne?

HERMANN.

Siegel, écoute-moi.

SIEGEL.

Tu ne viens pas? Mes yeux se ferment, je suis fatigué, bonsoir. (Il s'endort.)

HERMANN.

Pauvre Siegel ! et il riait toujours !

Il fait nuit; — la lune monte dans le ciel.

HERMANN.

Voilà donc le coin de terre où je suis né ! — Je l'ai quitté bien enfant ; mais je m'en souviens toujours. — Je vois d'ici la maison de mon père toute tapissée de treilles et de roses, — le grand banc de pierre à gauche de la porte et la petite baie que formait la rivière à quelques pas sur la droite. — Étais-je heureux alors ? l'étais-je plus qu'aujourd'hui ? hélas ! je le crains. — Demain, je reverrai les choses chères que j'ai quittées durant tant de jours peut-être stériles. O doux pays ! ô maison paternelle, si vous ne deviez plus reconnaître celui qui revient à vous ! Laissez-moi m'agenouiller devant votre souvenir, devant cet humble toit où je fus heureux, ignorant le bonheur ! Je le vois toujours, caché aux regards des indifférents, à l'ombre des grands arbres qui abritèrent tant de fois le petit vagabond aux pieds nus, qui courait dans la rosée, cherchant les fleurs les plus belles et les fruits les plus éclatants. Je vois encore le vieil étang où j'aimais à suivre mon image inquiète, tout en écoutant les bruits mélodieux qui sortaient des touffes de jonc et des arbustes épais. O douce quiétude! ô belles heures du jeune âge, vous êtes-vous enfuies? L'étang sourit-il toujours aux enfants curieux? Les grands arbres s'agitent-ils toujours graves et majestueux? La blanche maison regarde-t-elle encore la vaste prairie qui s'étendait à ses pieds comme un tapis velouté? Et la petite fille aux yeux bleus, aux cheveux blonds, qui venait quelquefois jouer avec son ami Hermann, qu'est-elle devenue? mariée sans doute, c'est-à-dire morte! Demain, demain, je saurai tout cela. (Un silence. — Le rossignol chante.)

Chante, douce lyre de la nuit, harmonie vivante de la solitude! Chante mélodieusement ton hymne à Dieu. Voix charmante, que tu es pure et limpide! Dans ta pudeur sublime tu attends l'heure du sommeil universel, alors que les habitants du ciel descendent seuls ici-bas. Chante, tu remplis mon cœur d'un ineffable sentiment de douce tristesse. Chante! tu es pour moi comme le prélude d'une voix plus chère encore, et qu'il me sera donné d'entendre un jour, sur la terre ou dans le ciel, la voix de la femme que j'aime et qui m'aimera. O doux oiseau, ne serais-tu pas sa voix elle-même? (Le rossignol se tait.)

Je l'ai effrayé. Si c'était un présage! Allons, il faut dormir une heure ou deux; la nuit avance, et je veux arriver de bonne heure. (Il s'endort.)

Entre Alice. — Hermann et Siegel endormis.

ALICE.

J'étouffais dans ma petite chambre; une agitation inaccoutumée troublait mon sommeil. Qu'il fait bon ici! J'ai bien fait de sortir; il n'est pas encore très tard, la route passe loin de la rivière et nul au monde ne me verra. (Elle s'assied sur le bord de l'eau.)

La nuit est pleine de silence, et pourtant on dirait que tout parle autour de moi dans une langue dont les mots m'échappent, mais dont le sens est rempli de charme. Petites créatures cachées sous l'herbe humide, est-ce là votre voix? Gnomes moqueurs, est-ce votre rire qui résonne si harmonieusement à mon oreille? Répondez-moi, esprits charmants des belles nuits; j'aime vos paroles mystérieuses; je rêve souvent de vos formes invisibles, et je voudrais suivre vos courses parfumées, alors que vous vous égarez dans les feuilles des roses et dans le cœur des jeunes filles!

LES INSECTES RIVERAINS.

Non, non, belle jeune fille, ce n'est pas notre voix qui trouble à cette heure le silence nocturne. Nous avons assez babillé durant toute la journée.

LES GNOMES QUI PASSENT.

Non, non, blonde enfant de la terre, ce n'est pas notre rire qui fait battre ton cœur... Notre rire est plus malin que tendre, et plus gai que mélancolique.

ALICE.

O rossignol ! serait-ce un écho lointain de ta voix qui ravit mon âme?

LE ROSSIGNOL.

J'ai déjà chanté, je me suis tu. Une voix plus douce chante dans ton cœur.

ALICE.

Songes que j'aime, pressentiments de bonheur, espérances célestes qui êtes en moi, vos accents sont-ils donc aussi pénétrants?

LES SONGES D'ALICE.

Nous ne chantons rien que tu ne chantes; nous ne savons rien que tu ne saches; nous sommes flottants et incertains comme ton désir.

L'OMBRE DE LA NUIT.

Mon enfant, fais silence; écoute la voix qui s'élève dans mon sein.

LE SONGE D'HERMANN.

Jeune fille aux cheveux blonds, c'est moi qui te parle. Le sommeil est une vie plus subtile et plus mystérieuse que celle des hommes éveillés. Je dors, mais ma pensée s'unit à la tienne et te contemple dans ta beauté réelle. Écoute, écoute! Je suis Hermann, l'étudiant, et tu es Alice, la vierge charmante. Étant enfants, nous nous aimions; ne t'en souvient-il plus? Oh! que de fois nous avons confondu nos sourires et nos baisers, nos larmes de joie ou de tristesse passagère! Alice, ne te souvient-il plus d'Hermann? Il y a bien des jours de cela! la petite fille est devenue femme; l'enfant joyeux est devenu grand et triste. O Alice, n'as-tu rien oublié? Réponds-moi, réponds-moi!

ALICE.

Comme mon cœur bat délicieusement ! Jamais musique plus céleste n'a été entendue. Il me semble que ces notes mélodieuses qui vibrent dans mon cœur m'emportent sur leurs ailes vers une époque passée dont le souvenir m'avait quittée.

LE SONGE D'HERMANN.

Alice, comme nous étions heureux ! Nous ne nous séparions point comme les autres enfants, avec un sourire insouciant et une frivole promesse de retour ; oh ! non, une heure d'absence était une peine, un jour passé sans nous revoir était une amère douleur ! Nous nous aimions tant, que nos mères nous disaient mari et femme. Oh ! le bonheur charmant ! Alice, Alice, n'as-tu rien oublié ?

ALICE.

Je ne sais pourquoi cette musique insaisissable qui flotte autour de moi me rappelle mes premiers jeux si doux à la ferme du vieil Hermann. Il avait un fils qui était alors mon plus cher ami ; qu'est-il devenu ?

LE SONGE D'HERMANN.

Alice, un jour je partis pour la ville éloignée; je quittai le toit natal et l'amour de mes jeunes années pour apprendre à vivre en homme. Hélas! que sais-je aujourd'hui qui vaille les beaux jours de mon bonheur passé? Nous nous embrassâmes longtemps, des larmes plein les yeux, des sanglots plein le cœur, et je ne t'ai plus revue durant dix années! et durant dix années, même à mon insu, ton image est restée en moi toujours vivante et toujours adorée; et alors comme aujourd'hui, enfant charmante et belle jeune fille, je t'ai aimée, je t'aime encore! Alice, Alice, n'as-tu point oublié Hermann?

ALICE.

Oh! oui, c'était mon compagnon favori, je me le rappelle bien maintenant! Il avait une figure fière et pensive, quoique tout jeune; ses yeux étaient bleus comme les miens; son sourire était grave et mélancolique, même au milieu de nos plus grandes joies. Il m'aimait beaucoup et je l'aimais aussi... Il me semble que je l'aime encore!

LE SONGE D'HERMANN.

Alice, je suis revenu vers toi, me voici. Mon souvenir renaît dans ton cœur; ma présence invisible t'agite. Oh ! vois si je t'aime ! Mon souffle est bien celui d'un homme endormi, et pourtant il chante à ton oreille comme une voix tendre et persuasive, comme un écho mélodieux de notre doux matin ! Alice, Alice, je rêve de nos jeunes félicités, nulle parole ne s'échappe de mes lèvres closes, et pourtant n'as-tu pas entendu ton nom chastement murmuré dans le repos de la nuit? C'est Hermann qui te parle et qui t'aime !

ALICE.

O jeunesse naïve et sublime, ô cher printemps des espérances fleuries ! pourquoi me bercez-vous ainsi de vos images enchanteresses? Hermann est parti, reviendra-t-il jamais? Et s'il revenait, m'aimerait-il encore? Hélas ! que d'amours ont dû passer dans son cœur ! Que de joies étrangères ont effacé de son âme le souvenir lointain d'Alice ! Je m'imagine parfois qu'il est là, près de moi, invisible et présent tout ensemble. Je suis follement agitée. (Un silence.) Je vais partir. Si mon père venait à s'apercevoir de mon absence !... La nuit est fort avancée, j'aurais froid peut-être; il faut rentrer.

HERMANN, s'éveillant.

Il fait nuit encore. J'ai fait un rêve singulier : il m'a semblé revoir, belle et grande, la petite Alice d'autrefois ! Alice !

je me suis rappelé ce nom dans mon rêve. C'est étrange. Me voici vraiment troublé de cette folle imagination.

ALICE, effrayée.

J'ai entendu remuer sous ces grands arbres. O mon Dieu, ne suis-je donc pas seule ici ! (Elle se lève.)

HERMANN.

Il y a quelqu'un vêtu de blanc sur le bord de la rivière; on dirait une femme. (Il se lève et sort de l'ombre. La lune éclaire son visage.)

ALICE, s'enfuyant.

Hermann !

HERMANN, la reconnaissant.

O mon rêve, sois béni ! Siegel ! Siegel !

SIEGEL, s'éveillant.

Qu'est-ce? que me veut-on? Ah ! c'est toi, Hermann; laisse-moi donc dormir.

HERMANN.

Je l'ai vue, te dis-je; c'était elle !

SIEGEL.

Qui? quoi? un voleur, une fée, une sorcière, un ange, le diable? as-tu vu les ombres lamentables de ceux qui se sont noyés ici marcher sur l'eau, drapés dans leurs linceuls mortuaires? Improvises-tu une élégie ou un dithyrambe funèbre? As-tu peur? es-tu fou? Moi, j'ai sommeil; bonsoir.

HERMANN.

C'est elle, c'est Alice!

SIEGEL.

Qu'est-ce que c'est qu'Alice?

HERMANN.

Ma compagne d'enfance, ma maîtresse, ma femme!

SIEGEL.

Ah! bah! mon cher, quand on a le déplorable défaut de parler en rêvant, il faudrait au moins ne pas réveiller aussi brusquement les pauvres diables qui, n'ayant point le pied fourchu de Méphistophélès, ont bravement fourni dix lieues éternelles entre le lever et le coucher du soleil. Tu es fou à trente-six carats. Lorsque je verrai ton brave homme de père, lequel doit être un bon Allemand de pure race, en guise de remerciements de sa patriarcale hospitalité, je le persuaderai de t'envoyer à l'hôpital, car tu es timbré à tout jamais. En attendant, voici le jour qui monte là-bas comme une vapeur blanche. Partons-nous?

HERMANN.

Solitude charmante où j'ai entrevu le bonheur, onde limpide où se sont réfléchis ses regards, belle herbe fleurie qu'elle a foulée, adieu! car si je ne la revois pas, je mourrai!

SIEGEL.

Nos dulcia linquimus arva! Donne-moi du tabac. Bien. J'aurai une faim d'anthropophage à l'heure du déjeuner.
(Il chante.)

> Il était un roi dans Thulé,
> Jusqu'au tombeau toujours fidèle,
> Auquel avait laissé sa belle
> Une coupe en or ciselé.

(Ils sortent.)

LA MÉLODIE INCARNÉE

Le son devient visible et la beauté s'entend.

Une salle basse de la taverne de maître Frosch. — Grande cheminée, feu ardent. — Une table, des pots de bière.

GEORGE. — JACQUES. — CARL

(Ils fument et boivent.)

GEORGE.

En ce temps-là florissait Jean-Paul Richter, d'extatique mémoire.

JACQUES, l'interrompant.

Holà! maître Frosch. (Frosch entre.) Deux pots de bière!

CARL.

Trois pots, maître Frosch. (Frosch sort.)

GEORGE.

Titan, monté sur ses échasses, s'avançait sur les pas de l'enthousiaste amant de Lolotte. Les esprits étaient à la lune...

JACQUES.

Aux farfadets amoureux...

CARL.

Et aux jeunes filles phtisiques.

GEORGE.

Chacun jouait de la flûte et mangeait le moins possible; la pipe et la bière avaient déserté les tavernes; les aubergistes maigrissaient. L'illuminisme faisait rage, et les étudiants, attentifs aux paroles de leurs professeurs, ne bâillaient que d'un air béat, ce qui est décent.

JACQUES.

Eheu !

CARL.

O tempora, ô mores!

GEORGE.

Verse-moi de la bière, Jacques. Ma gorge est sèche comme un four, au seul souvenir de cette époque déplorable.

JACQUES.

C'était une chose merveilleuse que de s'asseoir au coin des hautes cheminées, durant les soirs d'hiver. Les chats noirs prophétisaient les pattes dans la cendre, et les grillons, blottis dans la suie, racontaient des chroniques d'amour aux vieilles marmites chevrotantes.

CARL.

Ma grand'mère ne pouvait conserver un manche à balai huit jours durant : les sorcières du Hartz se fournissaient chez elle. Il y eut même, dans ce temps-là, un pauvre diable d'étudiant qui, ayant fait à son insu la conquête d'une chauve-souris, laquelle n'était autre qu'un esprit femelle de la montagne, se cassa le cou en tombant dans la rue du haut d'un toit où il prenait l'air avec sa bien-aimée ! C'est une histoire fort curieuse que je vais vous raconter en détail.

GEORGE.

Merci ! mais je tiens infiniment à poursuivre la mienne. Ton tour viendra. Verse à boire, Jacques.

JACQUES.

Les pots sont vides. Maître Frosch ! — (Frosch apporte de la bière.)

CARL.

C'est bien, Maître Frosch ; retirez-vous, et dites à tout venant que nous n'y sommes pas.

JACQUES.

Attends, George ; ma pipe n'est pas allumée.

CARL.

Voici du feu, dépêche-toi ; George grille de raconter son histoire. Parleras-tu d'amour dans ton histoire, George?

GEORGE.

Dans une vieille ville de Souabe, sous le toit d'une maison enfumée, située au bout d'une rue sombre et peu fréquentée, il y avait un jeune homme qu'on nommait Samuel Klein. C'était un bon enfant de juif, avec de grands cheveux roux et une face pâle; un peu triste et fort sauvage, mais d'un caractère placide. Samuel n'avait qu'une manie incurable, c'était de jouer du violon toutes les nuits, de façon à exciter d'énergiques réclamations de la part de ses voisins, et de permanentes émeutes sur les gouttières; mais, sauf ce grave défaut, ses habitudes étaient si tranquilles et si inoffensives, qu'on usait envers lui d'une grande indulgence. Depuis le lever jusqu'au coucher du soleil, il se promenait régulièrement dans sa chambre, les mains dans les poches et les yeux en terre; et, tout en marchant, déjeunait et dînait d'un petit pain et d'un verre d'eau. A la nuit close, un vénérable et poudreux stradivarius était décroché de la muraille, et quatre boyaux de mouton commençaient à grincer lamentablement sous le crin de l'archet. — Quelle musique c'était! — Tout cela sifflait et miaulait, les notes convulsives s'y prenaient aux cheveux en râlant de désespoir. Quant à l'artiste, le sang lui empourprait le visage, la sueur inondait ses joues, et des soubresauts nerveux agitaient tout son corps. Après trois ou quatre heures de ce laborieux exercice, il déposait son violon dont les cavités gémissaient encore, se frappait le front avec une profonde tristesse et se couchait en soupirant. — Verse à boire, Jacques. Merci; je fume trop, le tabac me dessèche. Passe-le-moi, Carl. — Bref, il n'y avait aucune raison pour que la vie de Samuel changeât d'allure.

JACQUES.

Dis donc, George, ton histoire est-elle longue?

CARL.

Et ton héroïne, George, arrivera-t-elle bientôt?

GEORGE.

Allez au diable! mon histoire a un sens sublime.

JACQUES.

Hum!

CARL.

Je partage l'opinion lumineuse de Jacques.

GEORGE.

Pourtant, par une belle matinée d'été, Samuel sortit et s'enfonça dans la campagne. L'air était frais, le soleil dorait par-ci par-là les échappées prochaines de la vallée. Les oiseaux...

JACQUES.

Fiorituraient à perdre haleine sur le bord des nids emperlés de rosée; les petits scarabées luisaient; les insectes babillards caquetaient dans l'herbe, et de beaux papillons butinaient de marguerite en marguerite...

CARL.

Qui plus est, il y avait un petit lac ombragé de grands saules, que le vent du matin faisait doucement gémir, et bordé de roseaux verdoyants qui trempaient nonchalamment leurs têtes d'émeraude dans l'eau argentée.

GEORGE.

Toute la vallée était baignée d'une atmosphère humide et transparente, à travers laquelle les arbres adoucissaient leurs masses de feuillage et s'estompaient légèrement d'azur. La nature s'éveillait en souriant dans sa grâce et dans sa beauté toujours vierges. Samuel se laissa tomber au pied d'un chêne, passa, en s'accoudant, la main dans ses cheveux, fixa les yeux au ciel et resta immobile et silencieux. Cette contemplation matinale n'entrait pour rien dans ses manières d'être et d'agir; le seul horizon qu'il connût parfaitement se bornait aux quatre murs badigeonnés de sa chambre, et les seuls bruits dont son oreille eût été flattée jusqu'à cette heure n'étaient autres que les déchirants accords de son violon. D'où provenait donc cette excentricité de Samuel? Question profonde! comme dit un grand poète français, en guise de conclusion, à la fin de ses pièces de vers philosophiques. Peu à peu les rumeurs joyeuses du jour se multiplièrent insensiblement; la lumière pénétra plus chaude sous les feuilles, et la voix de l'homme se fit entendre dans la vallée. Peu à peu aussi le visage pâle et insignifiant de Samuel prit une animation inaccoutumée; son œil brilla et un sourire effleura ses lèvres. C'est que nul au monde, fût-il notaire ou professeur de rhétorique, ne peut se dérober au charme vivifiant qu'exhale la terre à son réveil, non telle que l'ont déflorée les hommes de mauvaise volonté et d'intelligence tronquée, mais la terre heureuse et belle, et se rapprochant de la vigueur, de l'abondance et de la grâce sacrées pour lesquelles Dieu l'a faite ! C'est que plus on s'éloigne, ô misère ! ô triste pensée ! de l'humanité égarée et pervertie, plus on sent l'idéal renaître dans son cœur ! Le souvenir accablant des bourgeois et des moralistes ne peuple plus vos nuits de visages stupides, et le jour du bonheur et de la vérité se fait dans votre âme ! Sois donc bénie, nature éternelle, source toujours féconde de religieux amours ! soyez bénis, vous tous qu'elle enfante et dont elle se pare, arbres verdoyants, larges fleuves, douces vallées, aurores charmantes, chants de l'oiseau et murmures harmonieux des brises matinales ! sois bénie, vierge-nature, inépuisable et bienveillante, car tout vient de toi et retourne en toi !

JACQUES.

Bravo, George ! tu as le sentiment de l'idylle, ô Melybœe !

CARL.

Je soupçonne George d'avoir récemment brouté le cytise et le serpolet sur les collines de Crémone.

JACQUES.

Il a certainement du sang de Menalcas et de Tyrcis dans les veines.

CARL.

Ta pipe me fait l'effet d'une flûte à sept trous, George.

JACQUES.

Veux-tu boire du lait de tes brebis? (Il lui verse de la bière.)

GEORGE.

Taisez-vous, philistins! prêtez-moi respectueusement vos quatre longues oreilles, sinon mon histoire sera quatre fois plus longue.

JACQUES.

Conticuere omnes inten...

CARL.

...tique ora tenebant.

GEORGE.

Cette absorption mentale de Samuel dura longtemps. Les jeunes garçons et les jeunes filles qui se rendaient aux champs, s'arrêtaient parfois devant lui, étonnés, et se moquant entre eux de sa physionomie extatique et de son immobilité de fakir anéanti; mais il ne les voyait ni ne les entendait. Tout le jour se passa de la sorte. La nuit vint, sereine et belle, comme avait été l'aurore. Il écouta les derniers murmures de l'homme et de l'oiseau; il vit les étoiles s'épanouir au ciel et la vallée s'endormir aux pâles rayons de la lune. Enfin, à une heure avancée déjà, il revint chez lui; et, gravissant ses six étages d'une haleine, s'enferma dans sa chambre, saisit son violon et se mit à jouer d'un air inspiré. Hélas! jamais encore plus effrayante musique n'avait déchiré oreille humaine, cela n'avait ni queue ni tête, cela était vide de sens et d'intention, faux, aigu, bourdonnant et glapissant à la fois; mais Samuel n'y prenait point garde le moins du monde. Tout à coup...

JACQUES.

Bon!

CARL.

Oh! oh!

GEORGE.

Tout à coup, au plus fort de l'infernale cacophonie, comme un rayon de soleil qui se glisserait furtivement entre deux nuées d'orage, une vraie petite phrase musicale se mit à poindre insensiblement. L'oreille endolorie de Klein la saisit aussitôt, car son archet s'arrêta à demi, et la tête tendue pour s'écouter lui-même, il se mit à jouer *con amore*, comme dit *il dilettante*. — Mais avant de continuer, permettez-moi quelques mots préparatoires. Il est bien entendu que nous autres Allemands, nous comprenons parfaitement le sens intime de la musique, et qu'au besoin nous pourrions converser en rondes, blanches, noires et croches, tout aussi bien qu'en langage articulé.

JACQUES.

Mille chanterelles ! nous prends-tu pour des Gaulois?

CARL, chante.

Si bémol, mi bémol pointé, sol croche, si bémol blanche, — ce qui veut dire clairement : Bri-se-du-soir.

GEORGE.

Si je ne parlais à des Allemands, je ne me risquerais pas

à leur narrer les excentricités qui suivent. — Samuel avait créé une mélodie dont il développait amoureusement le motif. — Tout d'abord, le soleil s'y leva avec deux dièses à la clé, en trois mesures brillantes, aspergées de notes d'agrément en guise de rosée; le vent souffla en trilles et se bémolisa mélancoliquement dans les feuilles agitées de doubles croches. Bref, toute la scène du matin s'élança, fraîche et radieuse, du stradivarius poudreux de Samuel. — Il faisait très noir dans la chambre; la rue était silencieuse et les voisins dormaient; mais bientôt Samuel aperçut vaguement un petit point lumineux flotter autour de lui, procédant d'abord par éclipses totales, puis augmentant d'intensité et de grandeur. Au premier moment, cela ne l'occupa guère, absorbé qu'il était par sa composition; mais à la fin sa surprise et son effroi devinrent tels qu'il cessa de jouer, et resta les yeux grands ouverts, pâle et tremblant : sa mélodie était là, debout devant lui, belle, lumineuse et vivante !

JACQUES.

Rien de plus naturel.

CARL.

C'est tout simple.

GEORGE.

J'ai tout lieu de croire que Samuel ne vit pas cette apparition avec la même tranquillité que vous, car il se crut fou en reconnaissant son œuvre.

JACQUES.

Ah ! il la reconnut. Et... quelle forme avait-elle ?

CARL.

Oui ! à qui ressemblait-elle ?... On a beau être Allemands...

GEORGE.

Pardieu ! à quoi voudriez-vous qu'elle ressemblât, si ce n'est à la grâce par excellence, à ce que Dieu a formé de plus parfait, au corps sublime et nu d'une femme jeune et belle ? — Elle était là, devant Samuel, lumineuse dans l'ombre de la chambre, et légèrement inclinée sur sa hanche; mais si harmonieuse de lignes et de contours, si pure de coupe et si admirablement posée, que le pauvre jeune homme comprit bien qu'il perdrait la tête s'il devait cesser de la voir.

JACQUES.

Est-ce qu'ils ne se dirent rien ?

GEORGE.

Ils ne prononcèrent pas un mot, que je sache; et pourtant ils s'entretinrent durant bien des heures.

CARL.

Tu te moques de nous, maître George !

GEORGE, avec une feinte indignation.

Qu'ai-je entendu? Est-ce bien un enfant de la vieille Allemagne qui ose parler ainsi? Quoi ! le rire amer du scepticisme gaulois a-t-il donc desséché dans ton cœur les germes sacrés de l'idéal ! O Carl ! ô mon ami, qu'as-tu dit?

CARL.

Ma foi ! je n'ai rien dit que de fort raisonnable.

GEORGE.

Raisonnable ! Qu'est-ce que c'est que cela? Écoute ce que dit Schiller : « Le sublime jette la discorde entre la raison et le sentiment, et il puise dans cette lutte même son invincible attrait. L'homme physique et l'homme intellectuel se séparent ici de la façon la plus nette, car les objets qui éveillent, dans le premier, le sentiment de sa faiblesse, donnent au second le sentiment de sa force. Quand l'un s'élève, l'autre tombe. » Je continue : il se fit donc dans la petite chambre de Samuel un cours d'analogie universelle, que je livre à vos recherches laborieuses.

CARL.

Merci !

JACQUES, impatienté.

Après, après, après?

GEORGE.

Après? Le jour se leva, la chambre sortit de l'obscurité et la vision disparut. Samuel tomba sans connaissance sur le plancher, et le stradivarius éclata de lui-même en mille pièces : il était mort !

CARL.

Ce qui veut dire que lorsqu'un brave violon a fait son temps il rend l'âme et va dans le paradis.

GEORGE.

Cette mélodie était en effet l'âme du stradivarius; pauvre âme ! bien torturée par Samuel, mais qui fut délivrée dès l'heure où celui-ci comprit la beauté.

JACQUES.

La moralité de ton conte est banale, George, mon ami.

GEORGE.

Je n'ai pas dit mon dernier mot; devinez-le.

JACQUES.

Que devint Samuel?

GEORGE.

Samuel Klein est aujourd'hui un des premiers compositeurs de l'Allemagne. Vous avez entendu sa mélodie mille fois; c'est la cavatine d'un opéra célèbre.

CARL.

J'attends la conclusion.

GEORGE.

Voici. Beaucoup de prétendus artistes, barbouilleurs de notes, de vers et de couleurs, maçons et tailleurs de pierre et de marbre, riraient bien s'ils m'entendaient. Dans le monde de l'art, les diverses manifestations de la beauté sont unies par des liens éternels. Le beau absolu irradie en formes diverses, mais le beau n'en est pas moins identique à lui-même. Heureux ceux qui le savent, car pour eux le son devient visible et la beauté s'entend. Le sentiment de l'harmonie universelle chante dans leur cœur et dans leur tête; l'adoration de la beauté infinie les emporte au delà des ombres du doute, et Dieu se révèle incessamment à eux. Voilà.

LE PRINCE MÉNALCAS

HISTOIRE NAÏVE

Trahit sua quemque voluptas.
VIRGILIUS MARO.

I

(Le matin. — Vaste parc, grands murs, grille et petite porte sur la campagne. — Entre le docteur Scientificus. — Perruque, habit noir, culottes courtes, bas blancs, souliers à boucles d'argent, canne à pomme d'or.)

LE DOCTEUR SCIENTIFICUS.

Il faut que je sois né sous un astre contraire; la fatalité s'en mêle évidemment. Que m'a-t-il servi d'avoir laborieusement acquis la position éminente que j'occupe, si de tels événements étaient réservés à mon âge mûr? Hélas! je reposais encore de mon sommeil le plus doux, de cet assoupissement léger du matin, si plein de quiétude et d'abandon voluptueux; à peine l'aurore éclairait-elle, à travers mes rideaux, la blancheur immaculée du bonnet dont j'ai coutume de couvrir, durant la nuit, mon chef scientifique et mes tempes doctorales. Un songe charmant me représentait de nouveau les merveilles culinaires dont Marthe, ma gouvernante, est si prodigue. Marthe! une perle inappréciable pour un dégustateur! telle que Lucullus lui-même, de gastrosophique mémoire, n'en a jamais possédé! Il me semblait que je savourais encore toute la délicatesse et le raffinement de mon souper, mollement étendu sur ma couche, souriant à demi, inondé de calme et de béatitude... lorsqu'une voix discordante m'éveille en sursaut : « Docteur, docteur! on vous mande au palais; Son Altesse est malade; vite, vite, levez-vous! » O destinée, voilà de tes coups! Je ne réponds pas, je feins de dormir, me berçant du fol espoir qu'on respectera mon repos. Hélas! ma ruse est éventée; on insiste, le bruit redouble. Il faut s'éveiller, se lever et partir. J'arrive, les portes du palais sont closes. Je frappe : « Allez au parc, me crie à travers le guichet la voix bien connue du chambellan Muller, Son Altesse s'y rendra probablement, et vous y rencontrera comme par aventure. » Me voici, personne ne vient, j'ai une fervente envie de m'aller remettre au lit. O Hippocrate, à quelles épreuves tes disciples ne sont-ils pas exposés!

II

(Entre le chambellan Muller. — Même costume, plus une petite clef d'or sur le dos.)

LE CHAMBELLAN MULLER.

Ah ! docteur, n'avez-vous point encore rencontré Son Altesse ?

LE DOCTEUR SCIENTIFICUS.

Mais, chambellan, votre question est au moins intempestive. Comment aurais-je rencontré Son Altesse Sérénissime le prince Ménalcas au fond du parc, à sept heures du matin, et sans que vous le sachiez, vous qui ne le quittez ni jour, ni nuit, comme il convient à la charge particulière dont vous êtes revêtu ?

LE CHAMBELLAN MULLER.

Il est vrai ; mais, cher Scientificus, tout ici est bouleversé depuis huit jours ! Si je vous narrais les événements insolites qui se succèdent sans interruption au palais, vous ne pourriez y ajouter foi. Vous seriez-vous jamais imaginé qu'hier matin, à son petit lever, Son Altesse, au lieu de répondre aux salutations et compliments de votre serviteur, a bâillé prodigieusement en me tournant le dos, puis s'est prise à dire avec exaltation ces mots dénués de tout sens : « O Wilhelmine ! ô Wilhelmine ! »

LE DOCTEUR SCIENTIFICUS.

Quant aux bâillements du prince, chambellan, ceci est de peu d'importance. Vous êtes un homme grave, Muller, essentiellement grave ; Son Altesse est bien jeune, il se peut que vous l'ennuyiez.

LE CHAMBELLAN MULLER.

Vous parlez légèrement, docteur Scientificus. Votre supposition me semble superficielle. Mes paroles ne sauraient ennuyer Son Altesse, puisqu'elles sont d'étiquette et qu'elles datent du règne de feu son glorieux bisaïeul, le prince Ménalcas troisième.

LE DOCTEUR SCIENTIFICUS.

Je veux bien ne pas relever les deux épithètes incongrues dont vous vous êtes servi, Muller, à l'égard de ma supposition et de ma façon de parler en général ; n'y pensons plus.

Je vous ferai observer, en second lieu, chambellan, que l'exclamation du prince Ménalcas n'est nullement dénuée de sens. Wilhelmine est un nom de femme.

LE CHAMBELLAN MULLER.

Hélas ! nous ne l'appréhendons que trop ! Mais ce ne serait rien encore. Après le déjeuner, Son Altesse a présidé le conseil ; et, voyant ses ministres discuter le plus ou moins d'opportunité d'une nouvelle taxe de guerre, par cette excellente raison qu'un prince sage n'a jamais assez d'argent dans sa poche ; — Son Altesse, dis-je, a coupé court à la discussion en entonnant une chanson ridicule où il est question de laitières et de fromages à la crème !

LE DOCTEUR SCIENTIFICUS.

Oh ! oh ! ceci devient sérieux.

LE CHAMBELLAN MULLER.

Dans la soirée, Scientificus ! dans la soirée, l'ambassadeur du grand-duc de Bergen s'est présenté au palais. Il était chargé d'une réponse favorable, touchant le mariage de Son Altesse avec la princesse Sybille. Mais, ô douleur, ô consternation ! — *Pudet dictu*, Scientificus !

LE DOCTEUR SCIENTIFICUS.

Vous êtes un homme lettré, Muller, continuez.

LE CHAMBELLAN MULLER.

A peine l'ambassadeur avait-il cessé de parler, que Son Altesse s'est écriée : — Monsieur le baron, cela ne se peut plus, j'aime ailleurs !

LE DOCTEUR SCIENTIFICUS.

Que me dites-vous là, Muller? Votre imagination passe les bornes, mon ami. Son Altesse Sérénissime le prince Ménalcas n'a pu tenir un propos aussi intempestif.

LE CHAMBELLAN MULLER.

Elle l'a tenu, docteur; et madame la princesse-mère, l'ayant ouï s'exprimer de cette façon, n'a pu supporter le poids douloureux de sa stupéfaction, et s'est évanouie trois fois consécutives. Ses dames d'honneur en ont fait autant, comme il convenait, et cette scène de désolation aurait duré fort longtemps peut-être, si Son Altesse n'était sortie en fredonnant cette malheureuse chanson où il est toujours question de laitières et de fromages à la crème !

LE DOCTEUR SCIENTIFICUS.

Son Altesse serait-elle aliénée?

LE CHAMBELLAN MULLER.

Je vous confierai tout bas, docteur, que dans mes heures de profonde méditation, cette idée lumineuse m'était déjà venue. C'est pourquoi j'ai pris le parti de vous faire prévenir à l'insu de tous. Son Altesse sort de bonne heure depuis quelques jours, et vient se promener ici, en défendant à qui que ce soit de la suivre. Vous avez un grand empire sur elle, et sans qu'elle puisse se douter de rien, vous pourrez étudier sa maladie et la guérir, s'il plaît à Dieu.

LE DOCTEUR SCIENTIFICUS.

Diable! chambellan, vous me conférez une fort lourde responsabilité. Retirez-vous cependant, Muller; j'ai besoin de méditer quelque temps, avant la venue de Son Altesse. Ces diagnostics me semblent fort graves. Voyons, récapitulons bien : d'abord, elle bâille aussitôt qu'elle vous aperçoit, n'est-ce pas? En second lieu, elle chante une chansonnette où il est question de laitières et de... de quoi est-il encore question dans cette chansonnette, Muller?

LE CHAMBELLAN MULLER.

De fromages à la crème, Scientificus.

LE DOCTEUR SCIENTIFICUS.

Fort bien. Enfin, Son Altesse s'est écriée : « J'aime ailleurs ! » Ces paroles, Muller, à moins que ma perspicacité naturelle ne m'abuse, me feraient supposer qu'il y a quelque amourette sous jeu ! Ne me répondez pas, chambellan, vous troubleriez le cours de mes déductions. Allez, et fiez-vous-en à ma vieille expérience.

LE CHAMBELLAN MULLER.

Adieu, docteur. Soyez adroit, je reviendrai bientôt. (Il sort.)

LE DOCTEUR SCIENTIFICUS, seul.

J'ai beau vouloir me le dissimuler, Marthe n'est point encore de première force sur le salmis. Le dernier était trop assaisonné. Cela viendra sans doute, et avant peu je jouirai du talent le plus consommé qu'ait jamais mûri le feu du fourneau; mais elle entend mieux le hors-d'œuvre en général, c'est incontestable. Je ne l'avouerai pas ! ma réputation en dépend. Quelle jubilation pour le gros conseiller Gastromann, s'il pouvait planter son drapeau culinaire au-dessus du mien, et faire triompher son cordon bleu de cette légère lacune dans le talent d'ailleurs si remarquable de Marthe ! Je tiendrai ferme ; *impavidum ferient ruinæ !* Ah çà ! que m'a donc conté ce chambellan Muller ? eh ! que m'importe à moi que le prince Ménalcas soit fou ! Mon traitement n'est-il pas fixe ? Malade, je ne dis pas ; cela me tracasserait. Je serais forcé de sortir souvent... mes repas refroidiraient peut-être ! Mais fou, à la bonne heure ; on l'enferme et tout est dit. Alerte ! voici Son Altesse.

(Entre le prince MÉNALCAS. Blond, mince, rosé. Physionomie douce et ouverte. Habit feuille-morte, jabot de dentelle, culottes courtes de soie bleue, veste gorge de pigeon, souliers à boucles d'or. Il tient son chapeau à la main.)

LE PRINCE MÉNALCAS.

C'est vous, docteur Scientificus ? que faites-vous au fond du parc de si grand matin ?

LE DOCTEUR SCIENTIFICUS.

Que Son Altesse Sérénissime daigne accepter l'hommage de mon profond dévouement. Je viens de passer la nuit auprès d'un de mes malades, et je me suis permis de me reposer un instant ici en passant. J'étais loin de me douter de l'honneur que j'ai d'y rencontrer Son Altesse Sérénissime. Les matinées sont bien fraîches encore; Son Altesse ne craindrait-elle pas d'altérer sa précieuse santé? S'il m'était permis de hasarder un avis, j'oserais conseiller à Son Altesse, en qualité de son médecin particulier, de rentrer au palais et de...

LE PRINCE MÉNALCAS.

Docteur !

LE DOCTEUR SCIENTIFICUS.

Son Altesse?

LE PRINCE MÉNALCAS.

Je ne veux pas vous chasser, Scientificus, mais vous me seriez particulièrement agréable si...

LE DOCTEUR SCIENTIFICUS.

Son Altesse connaît mon dévouement absolu.

LE PRINCE MÉNALCAS.

Si vous alliez promener un peu plus loin. Je désire être seul.

LE DOCTEUR SCIENTIFICUS.

Les désirs de Son Altesse sont des ordres. (Il salue.) Monseigneur ! (Il sort.)

LE PRINCE MÉNALCAS, seul.

Il est huit heures, au moins, et Wilhelmine ne vient pas ! Pourvu que Scientificus ne l'ait point effrayée ! il en est bien capable, il est si laid ! — Ah ! qu'il fait bon et beau ! Une fois hors du palais, je respire à l'aise. C'est par un matin comme celui-ci que je rencontrai Wilhelmine pour la première fois. Elle revenait du marché en rossignolant, avec ses yeux bleus, ses lèvres roses, sa robe bariolée, son sourire joyeux, ses seize ans et toutes les belles fleurs qu'elle cueillait sur son passage ! Je l'aperçus à travers les grilles du parc, et je la saluai avec toute la grâce que je pus imaginer, en lui demandant de me vendre un peu de lait; mais elle voulut me l'offrir, et cela avec tant de gentillesse, d'amabilité et de confiante bonté, que je restai tout honteux, embarrassé dans mes ridicules habits de prince, et plus intimidé, à coup sûr, qu'un écolier en faute devant son magister. Quant à elle, il paraît que, dès lors, je ne l'effrayai pas beaucoup, car elle babilla comme un oiseau, me laissa baiser sa petite main et promit de revenir tous les matins.

Depuis huit jours je suis au paradis! ah, je l'aime! Ce n'est qu'une laitière, il est vrai, mais je l'aime! Elle n'en sait rien; nous causons de bonne amitié, de la pluie et du beau temps; que sais-je! Mais quand elle est partie, quoique je ne sache plus ce que nous avons dit, je suis plus heureux qu'un prince n'a le droit de l'être. Elle ne vient pas! serait-elle malade? Ah! Wilhelmine, c'est bien mal à vous de m'inquiéter ainsi! Pourquoi suis-je prince? Dieu m'est témoin que ce rôle-là m'ennuie fort. Je m'éveille, je mange et je dors à heure dite; c'est un véritable esclavage, et c'est absurde! Mes ministres sont si voleurs, mes chambellans sont si laids! Les dames d'honneur de ma mère me font la cour. Elles sont très débauchées, ces dames; mais, en revanche, elles sont si pudibondes! Hélas! qui me délivrera de ma principauté, de mes ministres, de mes chambellans et des dames d'honneur de ma mère! Enfin, j'ai tout mon bon sens; il est clair que je n'étais pas né pour être prince. La seule vue d'une femme me fait battre le cœur; je sais sur le bout du doigt Théocrite, Bion, Moschus et Virgile; mes nuits sont peuplées d'idylles; je ne rêve que de houlettes enrubannées et de chansons alternées sous les arbousiers et sous les hêtres. Dieu m'avait, sans doute, destiné de toute éternité à traire les vaches, les brebis et les chèvres, et à aimer Wilhelmine. — Wilhelmine est laitière; quelle charmante profession! elle vaut mieux que la mienne, puisque je m'ennuie. J'ai parfois une envie folle de jeter aux orties mon habit feuille-morte et ma veste gorge de pigeon, pour revêtir une fois dans ma vie un costume qui me plaise, et aller pétrir des fromages à la crème aux côtés de Wilhelmine.

(Entre WILHELMINE. Costume de jeune paysanne allemande aisée. Elle tient à la main un panier rempli de fromages. — Seize ans. Physionomie vive intelligente et naïve.)

WILHELMINE.

Bonjour, monseigneur. Quel beau temps ! n'est-ce pas? Je suis toute joyeuse ce matin; je suis certaine qu'il va m'arriver quelque chose d'heureux aujourd'hui. Adieu, monseigneur; il est tard, le temps presse; j'ai voulu vous voir seulement en passant.

LE PRINCE MÉNALCAS.

Chère Wilhelmine ! comme vous voilà belle ! restez encore quelques minutes, je vous prie. Savez-vous bien que je vous aime à la folie? Si je ne devais plus vous revoir, j'en tomberais sérieusement malade, au moins! Dites, Wilhelmine, avez-vous un peu d'amitié pour moi?

WILHELMINE.

Mais vous le savez bien, monseigneur. Vous êtes si bon et si aimable, comment ne vous aimerais-je pas?

LE PRINCE MÉNALCAS.

C'est que je n'ose croire à tant de bonheur! Ma chère enfant, voulez-vous me faire un grand plaisir? Appelez-moi Ménalcas tout court, ou monsieur Ménalcas si vous voulez : mais ne dites plus monseigneur ou Votre Altesse : quand vous prononcez ces mots-là, j'ai envie d'aller me noyer!

WILHELMINE.

C'est que, monseigneur, vous êtes prince et je ne suis qu'une simple laitière.

LE PRINCE MÉNALCAS.

Hélas! Wilhelmine, je suis amoureux de vous!

WILHELMINE.

Ah! mon Dieu!

LE PRINCE MÉNALCAS.

Aussi, pourquoi êtes-vous si charmante, si gaie, si... que sais-je? Je vous aime, Wilhelmine... Allez! je suis bien le plus malheureux des princes de ma race. Ils étaient nés pour leur métier, au moins, eux !

WILHELMINE.

Mais, monseigneur, c'est-à-dire, monsieur Ménalcas, comment pouvez-vous être amoureux de moi, puisque que nous ne pourrons jamais nous marier? cela ne s'est jamais vu.

LE PRINCE MÉNALCAS.

Je vous demande pardon, ma chère enfant; cela s'est vu au temps où les rois épousaient des bergères; et cela se verra encore si vous le permettez. (Muller et Scientificus arrivent et se cachent derrière les arbres pour écouter.) Tenez, mon parti est pris, Wilhelmine; je veux que vous soyez ma femme dès demain. Ne me répondez pas; je reviens à l'instant, veuillez m'attendre. (Il sort en courant.)

WILHELMINE, seule.

Il m'aime! je serai madame la princesse Ménalcas. Je suis folle... princesse! oh! non. C'est un excellent jeune homme que j'aime bien; mais je ne veux pas quitter ma mère, la ferme où je suis née, mes belles vaches, mon jardin et mes fromages! Oh! non: madame Ménalcas, à la bonne heure. Pourtant, s'il ne voulait pas être fermier, il faudrait bien devenir princesse! J'aurais tant de peine à ne plus le voir! —

(Elle sort en se promenant sous les arbres.)

(Entrent Muller et Scientificus.)

LE CHAMBELLAN MULLER.

Eh bien! que dites-vous de ce beau projet, docteur? N'est-ce pas une aliénation mentale des mieux conditionnées?

LE DOCTEUR SCIENTIFICUS.

Votre observation, chambellan, ne manque pas d'une certaine vérité; pourtant, il serait bon que Son Altesse, interrogée par moi au sujet de la susdite aliénation mentale, prétendît mordicus qu'elle n'est pas folle; ce qui est, comme vous le savez sans doute, le signe le plus caractéristique de la folie.

LE CHAMBELLAN MULLER.

Mais où donc est allée si précipitamment Son Altesse? Ne le sauriez-vous point, Scientificus?

LE DOCTEUR SCIENTIFICUS.

Son Altesse ayant oublié de m'en faire part, chambellan, je ne saurais répondre à votre question intempestive. Son Altesse est probablement allée déjeuner, ce qui prouverait en faveur de son bon sens. Cette dernière réflexion me rappelle que Marthe m'attend. Je vais être forcé de vous quitter.

LE CHAMBELLAN MULLER.

Comment, docteur! je vous ai annoncé à madame la princesse-mère, qui désire vous consulter touchant la maladie de son auguste fils, et vous songeriez à partir sans l'avoir vue!

LE DOCTEUR SCIENTIFICUS.

Mais, chambellan, l'heure est très mal choisie. Leurs Altesses Sérénissimes déjeunent; laissez-m'en faire autant. Je reviendrai, Muller, que diable! je reviendrai.

LE CHAMBELLAN MULLER.

Impossible, Scientificus. Je vous ai annoncé. Que madame la princesse-mère puisse ou non vous recevoir maintenant, peu importe; je vous tiens à l'heure dite; je me cramponne à vous, vous resterez.

LE DOCTEUR SCIENTIFICUS.

Marthe se fâchera, Muller ! Le déjeuner froidira, chambellan !

LE CHAMBELLAN MULLER.

Vous resterez.

LE DOCTEUR SCIENTIFICUS.

Hum ! je me vengerai, Muller, prenez-y garde !

LE CHAMBELLAN MULLER.

Je n'y puis rien.

LE DOCTEUR SCIENTIFICUS, en colère.

Je n'oublierai jamais ce procédé intempestif, chambellan. Vous l'aurez voulu ! Je vous rends responsable des suites déplorables de cet événement. Allons, ma journée sera complète. Je me suis levé à sept heures du matin, j'aurai irrité Marthe, qui est très rancunière, et mon déjeuner sera froid. — Muller, vous êtes mon ennemi ; je ne m'en doutais pas, mais enfin vous l'êtes. Tout est dit entre nous, chambellan !

LE CHAMBELLAN MULLER.

Calmez-vous, docteur, calmez-vous ! On vient. Ciel ! c'est

madame la princesse-mère elle-même avec Son Altesse. Madame la princesse paraît irritée; Son Altesse réplique vivement. Que va-t-il se passer? Ah! Scientificus, j'ai l'esprit plein de mortelles appréhensions!

(Entrent le prince Ménalcas et la princesse-mère. Grande, sèche, crêpée, poudrée, mouchetée. Robe de soie jaune à longue queue; falbalas et volants.)

LA PRINCESSE.

Oui, mon fils! Le jour, l'heure où cette jeune créature portera le nom de votre père, j'aurai cessé d'exister; tenez-le pour certain.

LE PRINCE MÉNALCAS.

Mais, madame, mon bonheur dépend...

LA PRINCESSE.

Votre bonheur, Ménalcas, doit dépendre de l'observation exacte de l'étiquette, en laquelle réside la félicité de vos sujets. Le grand-duc vous accorde la main de sa fille, la princesse

Sybille. Ce mariage est un lien politique, un obstacle à toute guerre à venir entre les deux puissances. Il faut vous sacrifier, mon fils, à la raison d'État. La grandeur d'âme est héréditaire dans notre maison. Vous agirez comme ont agi vos pères, et vous oublierez la folie inexplicable dont vous m'entretenez.

LE PRINCE MÉNALCAS.

Mais encore une fois, madame, vous savez fort bien que ma principauté et le grand-duché de Bergen n'auront jamais à guerroyer, par l'excellente raison qu'il n'y a d'armée d'aucun côté. La princesse Sybille est très laide et d'un très mauvais caractère, dit-on. Elle est plus âgée que moi, et je suis fort décidé à n'en point faire une princesse Ménalcas.

LA PRINCESSE.

Approchez, docteur Scientificus, et vous aussi, chambellan Muller. Jetez-vous aux pieds de votre prince et suppliez-le de se rendre aux larmes de sa mère.

LE DOCTEUR SCIENTIFICUS ET LE CHAMBELLAN MULLER, ensemble.

Prince !... Altesse Sérénissime !... Par vos glorieux ancêtres !... au nom...

LE DOCTEUR SCIENTIFICUS.

Mais, chambellan, taisez-vous donc. Vous avez entendu l'ordre que m'a donné madame la princesse. Il me semble que votre adjuration est au moins intempestive.

LE CHAMBELLAN MULLER.

Mais, docteur Scientificus, cet ordre m'était également adressé, et mon poste au palais me donne certainement le droit de parler avant vous.

LA PRINCESSE.

Silence, tous deux !

LE PRINCE MÉNALCAS.

Enfin, madame, ma principauté me pèse ; j'abdique.

LA PRINCESSE.

Vous êtes le maître, mon fils ; mais que dira l'Allemagne de cet acte inouï ?

LE PRINCE MÉNALCAS.

Il est fort probable qu'elle ne s'en occupera point ; mais elle ne pourrait qu'applaudir à cet exemple remarquable donné aux principicules mes confrères. Je suis résolu, madame ;

vous prendrez la régence pendant la minorité de mon frère et je me retirerai dans ma maison de campagne. (Wilhelmine entre et veut se retirer en voyant la princesse.) Restez, Wilhelmine. Madame, permettez-moi de vous présenter cette charmante enfant pour qui je vous demande votre bénédiction maternelle.

LA PRINCESSE.

Comment avez-vous osé, jeune fille, porter vos regards si haut et croire un instant qu'il vous était permis d'épouser votre souverain ?

WILHELMINE.

Hélas ! madame, je n'en sais rien, mais ce n'est point ma faute si nous nous aimons.

LA PRINCESSE.

Vous avez perdu la tête ! Est-ce là une raison ? Et vous, mon fils, persistez-vous toujours dans cette résolution inconcevable ?

LE PRINCE MÉNALCAS.

Sans doute, madame, puisque je l'aime.

LA PRINCESSE.

Adieu, prince, ou plutôt, fermier Ménalcas. Tout est rompu entre nous. Docteur et chambellan, suivez-moi. (Elle sort.)

LE CHAMBELLAN MULLER.

Docteur ! sommes-nous bien éveillés ?

LE DOCTEUR SCIENTIFICUS.

Il me semble, chambellan, que votre question est au moins intempestive... (Ils sortent en causant.)

LE PRINCE MÉNALCAS.

Venez-vous, Wilhelmine ?

WILHELMINE.

Où donc, monseigneur ?

LE PRINCE MÉNALCAS.

Chez votre mère, il faut bien que je lui demande votre main.

WILHELMINE.

Mon Dieu, monseigneur, est-ce bien sérieusement que vous voulez m'épouser ?

LE PRINCE MÉNALCAS.

Wilhelmine, vous me faites beaucoup de peine : voudrais-je me jouer de vous ? Je vous épouserai, je m'occuperai des choses qui me plaisent, et vous serez heureuse, Wilhelmine, si ma sincère et profonde affection suffit à votre bonheur.

WILHELMINE.

Oh! monseigneur, je suis déjà si heureuse que je ne puis m'imaginer que tout cela soit réel! Un prince et une laitière!

LE PRINCE MÉNALCAS.

C'est-à-dire un fermier qui porte encore des habits de prince et une laitière plus belle et plus aimée qu'une princesse! quoi de plus naturel? Allons nous marier. Ma destinée et mon plaisir sont de vous aimer et de vivre avec vous, Wilhelmine; et comme dit le proverbe : *chacun prend son plaisir où il le trouve.*

SACATOVE

Il n'appartient qu'aux œuvres vraiment belles de donner lieu aux imitations heureuses ou maladroites. Ce sont autant d'hommages indirects rendus au génie, et qui n'ont pas fait défaut au plus gracieux comme au plus émouvant des poèmes, *Paul et Virginie*, que Bernardin de Saint-Pierre appelait modestement une pastorale. Pastorale immortelle à coup sûr, où l'exactitude du paysage et des coutumes créoles ne le cède qu'au charme indicible qui s'en exhale.

Les quelques lignes qui suivent n'ont aucun rapport, quant au fond, avec l'histoire touchante des deux jeunes Mauriciens. La scène se passe cette fois à Bourbon et l'époque n'est plus la même. Cependant le voisinage des deux îles, que trente-cinq lieues séparent à peine, amènera entre le poème de Bernardin et ce récit de la mort romanesque d'un noir célèbre par son adresse, son courage et son originalité, quelques analogies nécessaires de description, sauf les différences du sol, différences souvent essentielles, comme on en peut juger.

L'île Bourbon est plus grande et plus élevée que l'île Maurice. Ses cimes extrêmes sont de dix-sept à dix-huit cents toises au-dessus du niveau de la mer ; et les hauteurs environnantes sont encore couvertes de forêts vierges où le pied de l'homme a bien rarement pénétré. L'île est comme un cône immense dont la base est entourée de villes et d'établissements plus ou moins considérables. On en compte à peu près quatorze, tous baptisés de noms de saints et de saintes, selon la pieuse coutume des premiers colons. Quelques autres parties de la côte et de la montagne portent aussi certaines dénominations étranges aux oreilles européennes, mais qu'elles aiment à la folie : *l'Etang salé*, — *les Trois Bassins*, — *le Boucan Canot*, — *l'Ilette aux Martins*, — *la Ravine à malheur*, — *le Bassin bleu*, — *la plaine des Cafres*, etc. Il est rare de rencontrer entre la montagne et la mer une largeur de plus de deux lieues, si ce n'est à la *savane des Galets*, et du côté de la rivière Saint-Jean, l'une sous le vent et l'autre au vent de l'île. Au dire des anciens créoles, la mer se retirerait insensiblement, et se brisait autrefois contre la montagne elle-même. C'est sur les langues de sable et de terre qu'elle a quittées qu'ont été bâtis les villes et les quartiers. Il n'en est pas de même de Maurice, qui, sauf quelques pics comparativement peu élevés, est basse et aplanie. On n'y trouve point les longues ravines qui fendent Bourbon des forêts à la mer, dans une profondeur effrayante de mille pieds, et qui, dans la saison des pluies, roulent avec un bruit immense d'irrésistibles torrents et des masses de rochers dont le poids est incalculable. La végétation de Bourbon est aussi plus vigoureuse et plus active, l'aspect général plus grandiose et plus sévère. Le volcan, dont l'éruption est continue, se trouve vers le sud au milieu de mornes désolés, que les noirs appellent le *Pays brûlé*.

Vers 1820, un négrier de Madagascar débarqua sa cargaison humaine entre Saint-Paul et Saint-Gilles. Les lots furent faits et distribués sur le sable, puis chacun remonta la montagne avec ses nouveaux esclaves. Parmi ceux qui suivirent leur maître sur les bords de la ravine de Bernica, il y avait un jeune noir qui sera, si le lecteur veut bien le permettre, le héros de cette histoire, pour le moins aussi véridique que les aventures du poëme mauricien.

Sacatove était d'un naturel si doux et d'un caractère si gai, il s'habitua à parler créole avec tant de facilité, que son maître le prit en amitié. Durant quatre années entières il ne commit aucune faute qui pût lui mériter un châtiment quelconque. Son dévouement et sa conduite exemplaire devinrent proverbiaux à dix lieues à la ronde. Son maître le fit commandeur malgré son âge, et les noirs s'accoutumèrent à le considérer comme un supérieur naturel. Tout allait pour le mieux dans l'habitation, quand, un beau jour, Sacatove disparut et ne revint plus. Les recherches les plus actives furent inutiles, et deux mois ne s'étaient pas écoulés, qu'il était oublié.

La famille du blanc, dont il était l'esclave, se composait d'un fils et d'une fille, de dix-huit et de seize ans. L'un était dur et cruel, quoique brave, comme la plupart des créoles; l'autre était indolente et froide, avec une peau de neige, des yeux bleus et des cheveux blonds. Le frère passait sa vie à chasser dans la montagne et dans les savanes; la sœur vivait couchée dans sa chambre, inoccupée et paresseuse jusqu'à l'idéal. Quant au père, il fumait de trente à quarante pipes par jour, et buvait du café d'heure en heure. Du reste, il en savait assez sur toutes choses pour apprécier convenablement l'arome de son tabac et celui de sa liqueur favorite. C'était, à tout prendre, un brave homme; un peu féroce, mais pas trop. La maison qu'ils habitaient sur leur habitation de Bernica était entourée de deux galeries superposées et fermées de persiennes en rotin peint. Il s'y trouvait quelques chambres à coucher, faites exprès pour les grandes chaleurs de janvier. C'était dans l'une d'elles que reposait ordinairement la jeune créole. Un matin, ses négresses privilégiées, après avoir longtemps attendu le signal accoutumé, inquiètes de ce sommeil prolongé, ouvrirent la porte de l'appartement et n'y trouvèrent personne. Leur maîtresse avait disparu à son tour. La chambre était restée dans le même état que la veille, et rien n'avait été enlevé des objets de luxe qui la décoraient, si ce n'est tout le linge et la toilette de la jeune fille. Ce ne pouvait être qu'un rapt amoureux; et, quoique le père et le fils ne soupçonnassent qui que ce soit, les aventures de cette sorte étaient trop fréquentes pour négliger les mesures promptes et énergiques.

Il était possible que le ravisseur se fût dirigé sur Maurice. Ils apprirent en effet qu'un navire était parti de Saint-Paul pour cette destination le jour même de l'enlèvement. Ce navire fut immédiatement suivi; mais il n'avait fait que toucher l'île voisine, en continuant sa route pour l'Inde. Le père et le fils revinrent chez eux et attendirent patiemment que la fugitive leur donnât de ses nouvelles, bonnes ou mauvaises. Le premier n'en fuma pas moins de pipes; le second n'en tua pas moins de perdrix et de lièvres. Tout marcha comme d'habitude dans la maison; seulement il y eut une chambre inoccupée. Que le lecteur ne s'étonne pas de cette indifférence, et ne m'accuse point d'exagération. Le créole a le cœur fort peu expansif et trouve parfaitement ridicule de s'attendrir. Ce n'est pas du stoïcisme, mais bien de l'apathie, et le plus souvent un vide complet sous la mamelle gauche, comme dirait Barbier. Ceci soit dit sans faire tort à l'exception, qui, comme chacun sait, est une irrécusable preuve de la règle générale. Ce fut à peu de temps de là qu'on entendit parler de Sacatove à l'habitation. Un noir assura l'avoir rencontré dans les bois. Cette nouvelle fut bientôt confirmée d'une façon éclatante. Une bande de noirs marrons dévasta les habitations situées aux approches de la forêt, et celle du maître de Sacatove ne fut pas épargnée. Une nuit, entre autres, l'appartement de la jeune fille enlevée fut si complètement dévalisé, qu'il ne resta que les trois cloisons inamovibles, la persienne de rotin ayant aussi été emportée. Le détachement des *hauts* de Saint-Paul reçut l'ordre de poursuivre les marrons. Notre jeune créole prit son meilleur fusil de chasse et suivit le détachement en volontaire. Ce que voyant, son père alluma une pipe et but quelques tasses de café en guise d'adieu.

Rien n'est beau comme le lever du jour du haut des mornes du Bernica. On y découvre la plus riche moitié de la partie sous le vent et la mer à trente lieues au large. Sur la droite, au pied de la Montagne-à-Marquet, la savane des Galets s'étend sur une superficie de trois à quatre lieues, hérissée de grandes herbes jaunes que sillonne d'une longue raie noire le torrent qui lui donne son nom. Quand les clartés avant-courrières du soleil luisent derrière la montagne de Saint-Denis, un liséré d'or en fusion couronne les dentelures des pics et se détache vivement sur le bleu sombre de leurs masses lointaines. Puis il se forme tout à coup à l'extrémité de la savane un imperceptible point lumineux qui va s'agrandissant peu à peu, se développe plus rapidement, envahit la savane tout entière; et, semblable à une marée flamboyante, franchit d'un bond la rivière de Saint-Paul, resplendit sur les toits peints de la ville et ruisselle bientôt sur toute l'île au moment où le soleil s'élance glorieusement au delà des cimes les plus élevées dans l'azur foncé du ciel. C'est un spectacle sublime qu'il m'a été donné d'admirer bien souvent, et c'est aussi celui qui se déroula sous les yeux du détachement quand il fit sa première halte, à six heures du matin, sur le piton rouge du Bernica, à 1.200 toises environ du niveau de la mer. Mais, hélas ! les créoles prennent volontiers pour devise le *nil admirari* d'Horace. Que leur font les magnificences de la nature? que leur importe l'éclat de leurs nuits sans pareilles? Ces choses ne trouvent guère de débouché sur les places commerciales de l'Europe; un rayon de soleil ne pèse pas une balle de sucre, et les quatre murs d'un entrepôt réjouissent autrement leurs regards que les plus larges horizons. Pauvre nature ! admirable de force et de puissance, qu'importe à tes aveugles enfants ta merveilleuse beauté? On ne la débite ni en détail ni en gros : tu ne sers à rien. Va ! alimente de rêves creux le cerveau débile des rimeurs et des artistes; le créole est un homme grave avant l'âge, qui ne se laisse aller qu'aux profits nets et clairs, au chiffre irréfutable, aux sons harmonieux du métal monnayé. Après cela, tout est vain, — amour, amitié, désir de l'inconnu, intelligence et savoir; tout cela ne vaut pas un grain de café. — Et ceci est encore vrai, ô lecteur, très vrai, et très déplorable ! Les plus froids et les plus apathiques des hommes ont été placés sous le plus splendide et le plus vaste ciel du monde, au sein de l'océan infini, afin qu'il fût bien constaté que l'homme de ce temps-ci est l'être immoral par excellence. Est-il, en effet, une immoralité plus flagrante que l'indifférence et le mépris de la beauté? Est-il quelque chose de plus odieux que la sécheresse du cœur et l'impuissance de l'esprit en face de la nature éternelle ? J'ai toujours pensé, pour mon propre compte, que l'homme ainsi fait n'était qu'une monstrueuse et haïssable créature. Qui donc en délivrera le monde ?

Le détachement pénétra dans les bois. Eux aussi sont pleins d'un charme austère. La forêt de Bernica, alors comme aujourd'hui, était dans toute l'abondance de sa féconde virginité. Gonflée de chants d'oiseaux et des mélodies de la brise, dorée par-ci par-là des rayons multipliés qui filtraient au travers des feuilles, enlacée de lianes brillantes aux mille fleurs incessamment variées de forme et de couleur, et qui se berçaient capricieusement des cimes hardies des *nates* et des *bois-roses* aux tubes arrondis des *papayers-lustres;* on eût dit le jardin d'Arménie aux premiers jours du monde, la retraite embaumée d'Ève et des anges amis qui venaient l'y visiter. Mille bruits divers, mille soupirs, mille rires se croisaient à l'infini sous les vastes ombres des arbres, et toutes ces harmonies s'unissaient et se confondaient parfois de telle sorte que la forêt semblait s'en former une voix magnifique et puissante.

Le détachement passa silencieux, et le pas des chasseurs se perdit bientôt dans les profondeurs solitaires du bois.

A une lieue de là environ, au milieu d'un inextricable

réseau de lianes et d'arbres, la ravine de Bernica, gonflée par les pluies, roulait sourdement à travers son lit de roches éparses. Deux parois perpendiculaires, de 4 à 500 pieds, s'élevaient des deux côtés de la ravine. Ces parois, tapissées en quelques parties de petits arbustes grimpants et d'herbes sauvages, étaient généralement nues et laissaient le soleil chauffer outre mesure la pierre déjà calcinée par les anciennes laves dont l'île a gardé l'ineffaçable empreinte. Si le lecteur veut s'arrêter un moment sur la rive gauche de la ravine, il apercevra au milieu de la rare végétation dont je viens de parler une ouverture d'une médiocre grandeur, à peu près à la moitié du rempart. Avec un peu plus d'attention, ses regards découvriront une grosse liane noueuse qui descend le long du rocher jusqu'à cette ouverture, que ses racines solides ont fixée plus haut dans les crevasses de la pierre autour du tronc des arbres.

Il y avait là une grande caverne divisée en deux parties naturelles, dont la première était beaucoup plus vaste que la seconde, et à demi éclairée par quelques fentes de la voûte. L'ouverture était à peine franchie que la courbe du roc s'élançait à une hauteur triple de la largeur de cet asile, alors inconnu, des noirs marrons. Trois d'entre eux étaient assis dans un coin, et fumaient silencieusement.

Au hasard, pêle-mêle, accrochés ou roulant à terre, des

fusils, des couteaux à cannes, des barils de lard salé, des sacs de riz, de sucre et de café, des vêtements de toutes sortes, des marmites et des casseroles encombraient cette antichambre ou plutôt ce corps-de-garde de la caverne. En tournant un peu sur la droite et en soulevant une tenture de soie jaune de l'Inde, on pénétrait, dans l'autre partie. Là brûlaient cinq ou six grandes torches de bois d'olive, dont les reflets rouges jouaient bizarrement sur les étoffes de couleur dont on avait tendu les parois du rocher. Chaises, fauteuils et divans meublaient cet étrange salon; et, nonchalamment courbée, au fond, sur une riche *causeuse* bleue, vêtue de mousseline, calme et immobile, quoiqu'un peu pâle, dormait ou feignait de dormir une jeune fille blanche. A quelques pas d'elle, appuyé sur un long bâton ferré, Sacatove la contemplait avec sa physionomie insouciante et douce, en cambrant son beau torse nu.

La jeune fille fit un mouvement et ouvrit de grands yeux bleus. Sacatove s'approcha sans bruit, et se mettant à genoux devant elle, lui dit avec un accent de tendresse craintive :

— Pardon, maîtresse !

Elle ne répondit pas, et lui jeta un regard froid et méprisant.

— Pardon ! je vous aimais tant ! Je ne pouvais plus vivre

dans les bois. Si je ne vous avais pas trouvée à la grande case, je serais plutôt revenu à la chaîne que de courir le risque de ne plus vous voir. Pardon !

— Il fallait revenir en effet, répondit la jeune fille. N'étais-tu pas le mieux traité de tous nos noirs? Pourquoi es-tu parti marron?

— Ah ! dit Sacatove en riant naïvement, c'est que je voulais être un peu libre aussi, maîtresse ! Et puis, j'avais le dessein de vous emporter là-bas; et quand Sacatove a un désir, il y a là deux cents bons bras qui obéissent. Je vous aime, maîtresse; ne m'aimerez-vous jamais?

— Va ! laisse-moi; tu es fou, misérable esclave ! Sors d'ici; mais non, écoute ! Ramène-moi à l'habitation, je ne dirai rien et demanderai ta grâce.

— Sacatove n'a besoin de la grâce de personne, maîtresse; c'est lui qui fait grâce maintenant. Allons, soyez bonne, maîtresse, dit-il, en voulant entourer de ses bras le corps de la jeune fille. Mais à ce geste, celle-ci poussa un cri de dégoût invincible et se renversa si violemment en arrière que son front heurta le rocher. Elle pâlit et tomba sans connaissance. A ce cri perçant plusieurs négresses entrèrent à la hâte et la ramenèrent à la vie; puis elles sortirent.

— N'ayez plus peur de moi, dit Sacatove à sa maîtresse : demain soir vous serez à l'habitation.

— C'est bien, murmura-t-elle froidement ; je tiendrai ma parole et j'aurai ta grâce.

Sacatove sourit tristement et sortit. A peine avait-il franchi l'étroit sentier qui séparait les deux portes de la caverne, que les jambes nues d'un noir parurent à l'ouverture de celle-ci et furent suivies du corps tout entier.

— Commandeur, cria-t-il aussitôt avec terreur, les blancs ! les blancs !

Alors, de tous les coins sombres de la caverne sortirent, comme par enchantement, une centaine de noirs, qui s'armèrent à la hâte.

— T'ont-ils vu ? demanda Sacatove au nouveau venu.

— Non, non, commandeur ; mais ils viennent par ici.

— Alors, silence ! ils ne trouveront rien.

On entendit en effet bientôt des pas nombreux au-dessus de la caverne, accompagnés de jurements et de malédictions ; puis, le bruit décrut et mourut entièrement.

— Pauvres blancs ! dit Sacatove avec un mépris inexprimable.

Les noirs poussèrent de grands éclats de rire à cette exclamation de leur chef.

— Demain, continua celui-ci, demain soir, entendez-vous, mademoiselle Maria, ma maîtresse, avec ses meubles et ses habits, sera de retour à son habitation.

Les noirs firent des signes muets d'assentiment ; et Sacatove, s'approchant de l'ouverture de la caverne, prit son bâton entre ses dents, et disparut en gravissant le tronc noueux de la liane.

Le détachement descendait la montagne une heure après cette scène. Le frère de Maria s'était attardé de quelques pas pour abattre un beau pié-jaune qu'il se baissait pour ramasser, quand il se sentit renversé sur le ventre par une force bien supérieure à la sienne, et il entendit une voix bien connue lui dire en créole :

— Bonjour, maître ! Mademoiselle Maria se porte bien et vous la reverrez bientôt. Ne vous étonnez pas, maître, c'est moi, Sacatove. Mes compliments au vieux blanc. Adieu, maître !

Le jeune créole, rendu à la liberté de ses mouvements, se releva vivement et plein de rage, mais le noir était déjà à trente pas, et quand il voulut le poursuivre, l'autre disparut dans le bois.

Le lendemain du jour fixé pour le retour de Maria, comme son père et son frère passaient sous sa fenêtre en fumant leurs pipes, ils l'y aperçurent tout à coup, et le premier s'écria :

— Comment ! c'est toi, Maria ! Et d'où viens-tu ?

— Plus bas ! répondit la jeune fille en se penchant en dehors de la fenêtre. J'ai été emmenée dans les bois par Sacatove, mais je lui ai promis sa grâce, qu'il faut lui accorder, de peur qu'il ne parle.

— Qu'il revienne ou que je le rencontre, dit le jeune homme, il ne parlera jamais.

Il ne comprit pas en effet ce qu'il avait fallu à Sacatove de force d'âme et de générosité pour se dessaisir d'une femme que nul au monde ne pouvait lui ravir. Il ne se souvint que du double outrage de son esclave et jura de lui en infliger le châtiment de ses propres mains. Il n'attendit pas longtemps. Un matin qu'il chassait sur les limites du bois, et au moment où il mettait en joue, Sacatove se présenta devant lui. Il était nu comme toujours, sans armes et les mains croisées derrière le dos.

— Bonjour, maître, dit-il, mademoiselle Maria se porte-t-elle bien?

— Ah! chien! s'écria le créole, et il lâcha le coup de fusil.

La balle effleura l'épaule du noir qui bondit en avant, et saisissant le jeune homme par le milieu du corps, l'éleva au-dessus de sa tête comme pour le briser sur le sol. Mais ce moment de colère ne dura pas. Il le déposa sur ses pieds et lui dit avec calme :

— Recommencez, maître; Sacatove est malheureux maintenant; il n'aime plus les bois, et veut aller au grand pays du bon Dieu, où les blancs et les noirs sont frères!

Le créole ramassa froidement son arme, la chargea de même et le tua à bout portant.

Ainsi mourut Sacatove, le célèbre marron. Sa jeune maîtresse se maria peu de temps après à Saint-Paul, et l'on ne dit pas que son premier-né ait eu la peau moins blanche qu'elle.

DIANORA

Le récit suivant appartient à un obscur chroniqueur des faits et gestes d'Antelminelli Castruccio, seigneur de Lucques. Nous le reproduisons dans sa forme naïve et sans développements.

Vers la fin du treizième siècle, tandis que Rodolphe tenait les rênes de l'empire, et que le Saint-Siège vaquait par la mort de Nicolas III, Lucques était une des villes les plus anciennes et les plus renommées de la Toscane, après Florence et Pise. La République florentine l'emportait en éclat et en puissance, et Pise, autant par le souvenir de sa gloire passée que par cet air superbe que conservent toujours les grandeurs déchues; mais l'esprit actif et aventureux des Lucquois, l'étendue de leur commerce et l'amitié de l'empereur donnaient à leur ville une célébrité qu'elle allait bientôt porter au plus haut point sous la domination de Castruccio. Dans cette cité de gentilshommes marchands et belliqueux, — épithètes qui d'ordinaire ne vont point de compagnie, — vivait, en 1279, une jeune fille de haute naissance, nommée Dianora de Castracani. Ses parents étant morts durant sa première jeunesse, elle habitait, sous la garde d'une sœur aînée de son père, une grande maison de sombre apparence, dans la rue Saint-Benoît de Postella, non loin de l'église Saint-Martin de Lucques; mais comme elle joignait à une beauté attendrissante les plus belles manières du monde, son nom était dans toutes les bouches, et l'amour de sa personne dans tous les cœurs.

Parmi les jeunes cavaliers qui s'empressaient sur ses pas aux églises et aux promenades, on distinguait surtout deux gentilshommes des mieux faits et des plus considérés de Lucques. L'un s'appelait Bonaccorso de Cenami; l'autre, Pierre de Puccinelli, appartenait à une famille aussi noble, quoique moins riche. Tous deux étaient jeunes encore, d'une tournure martiale, fort enviés des hommes et aimés des dames. Mais Bonaccorso était veuf; c'est pourquoi le bruit public disait que Puccinelli lui était préféré. Certes, ce n'était, en apparence, qu'une vaine rumeur; car, de toutes les jeunes filles nobles de Lucques, nulle ne vivait dans une réserve plus chaste que Dianora. Sa tante était une femme d'un âge avancé, grandement pieuse et sévère, qui bien rarement quittait les côtés de sa nièce, et suivait d'ordinaire d'un œil vigilant ses moindres pas. Cependant le bruit public disait la vérité sans trop la savoir : Dianora et Puccinelli s'aimaient et s'étaient confié leur mutuelle passion. De son côté, Bonaccorso avait gagné le cœur de Mme Catherine de Castracani par une suite de flatteuses attentions si chères aux dames âgées, quand elles leur viennent de jeunes cavaliers. De sorte que Bonaccorso et Puccinelli, qui étaient amis, se cachant les ressources diverses qu'ils se ménageaient, nourrissaient une espérance pareille.

Un soir que les deux dames revenaient de prier à Saint-Martin, la vieille tante au bras de sa nièce dont un grand voile couvrait les cheveux tressés et les belles joues, elles rencontrèrent Bonaccorso et Puccinelli qui, par crainte l'un de l'autre, ne les abordèrent point. Quant aux autres cavaliers qui les saluaient respectueusement au passage, nul n'osait approcher ce trésor si bien gardé. Ces dames rentrèrent donc chez elles et se rendirent dans une vaste salle tendue de sombres tapisseries, où un vieux domestique leur servit silencieusement le repas du soir; puis il alluma deux lampes suspendues au plafond. Mme Catherine se mit à lire dévotement un manuscrit de religion, et Dianora tissa à la soie une tapisserie destinée au maître-autel de Saint-Martin. Pendant ce temps, Bonaccorso et Puccinelli se promenaient devant l'église, s'entretenant à contre-cœur de choses étrangères au sentiment qui les agitait; mais bientôt, et comme à leur insu, il se trouva qu'ils s'étaient avoué leur secret réciproque, quoique chacun d'eux se gardât bien de dire jusqu'à quel point leurs affaires étaient avancées, le premier avec la tante, le second avec la nièce. Enfin ils résolurent de demander cette dernière en mariage l'un après l'autre. Si Puccinelli était refusé, Bonaccorso réussirait peut-être; et, dans tous les cas, il n'y aurait qu'un malheureux. Ils s'en remirent au sort de savoir lequel se présenterait le premier. Puccinelli gagna, et comme il était vêtu de la façon la plus élégante, il se rendit chez Mme Catherine de Castracani, laissant son rival certain du peu de succès de cette démarche, par suite de la bonne intelligence qu'il entretenait lui-même avec la vieille dame. Puccinelli n'était pas moins confiant dans l'amour de Dianora, et se félicitait *in petto* de ce que le sort l'eût favorisé.

Après beaucoup de difficultés de la part du vieux domestique, il fut admis dans la salle dont nous avons parlé déjà, laquelle devait être un jour le lieu d'une catastrophe si terrible. Mme Catherine reçut seule le jeune gentilhomme : car, au grand chagrin de celui-ci, Dianora n'était point présente. L'austère dame inclina sa tête embéguinée en réponse aux salutations de Puccinelli; puis, lui désignant un siège de la main, elle lui dit avec une froide politesse :

— Seigneur cavalier, que désirez-vous de moi?

Puccinelli, qui avait arrondi par avance un beau discours, se sentit pris d'un si grand battement de cœur, qu'il ne put rien répondre, si ce n'est quelques mots sans suite, où perçait clairement le trouble de son âme. Mme Catherine réitéra sa question.

— Madame, dit enfin Puccinelli, vous pouvez décider du malheur ou du bonheur de toute ma vie. Je viens vous supplier de m'être favorable.

— Vous vous trompez sans doute, seigneur, répondit Mme Catherine; je vous connais à peine de vue, et j'ignore même votre nom.

Cela était faux; mais la vieille dame voulait faire entendre au gentilhomme qu'il ne lui plaisait point, car elle devinait bien où il en voulait venir.

— On m'appelle Pierre de Puccinelli, Madame; ma famille

est une des plus anciennes de Lucques et l'honneur de mon nom est sans tache.

— Je n'ai garde d'en douter, seigneur cavalier. Apprenez moi donc en quoi je puis vous servir.

— Madame, reprit Puccinelli d'une voix tremblante, vous me voyez consumé du plus violent amour pour la signora Dianora, votre belle et vertueuse nièce. Je vous conjure à genoux de m'accorder sa main, si toutefois elle y consent.

Après avoir parlé de la sorte, il baissa les yeux avec confusion, se repentant déjà de sa témérité.

— Seigneur Pierre de Puccinelli, dit Mme Catherine d'une voix sévère, ma nièce n'est point en âge de se marier, et le fût-elle, j'ai décidé qu'elle ne s'unirait qu'à un seul gentilhomme de cette ville, lequel n'est point vous. Ma nièce vous rend grâces de votre offre honorable, mais elle ne peut l'accepter.

Ce disant, Mme Catherine se leva et fit une révérence solennelle à Puccinelli, qui comprit ce signal de sa retraite, et sortit le cœur dévoré de colère et de jalousie. Mais, au moment où il fermait la grande porte de la salle, une main légère s'appuya sur son bras, et une douce voix lui dit tout bas :

— Ayez bon courage, Pierre. Je vous aime, et je jure par mon salut éternel que je n'appartiendrai qu'à vous.

Puccinelli fit un geste pour saisir la main qui l'arrêtait ; mais Dianora s'enfuit, et il n'entendit plus rien. Partagé entre la joie et le chagrin, il quitta la maison. Bonaccorso l'attendait encore devant Saint-Martin, et, dès qu'ils se furent rejoints, il dit à Puccinelli avec un sourire de triomphe :

— Eh bien ! Pierre, as-tu réussi ?

— Non et oui, répondit celui-ci.

— Comment ? Que veux-tu dire ?

— Bonaccorso, il faut que je tue un homme.

— Pourquoi cela ? demanda l'autre avec une inquiétude mal dissimulée.

— Parce que Dianora est promise en mariage.

— Et... dit Bonaccorso en hésitant, sais-tu le nom de cet homme ?

Puccinelli, qui le regardait en dessous depuis leur rencontre, reprit gravement :

— Non, mais tu vas me le dire.

— Es-tu fou ? je n'en sais rien.

Puccinelli recula tout à coup, tira son épée, et s'écria avec fureur :

— Défends-toi, mauvais traître ; cet homme, c'est toi !

— Par saint Martin de Lucques, repartit Bonaccorso en dégainant à son tour, j'aime mieux cela. Pourtant je ne t'ai point trahi; j'ai loyalement pris les devants, et si Dianora me préfère à toi, je n'y puis rien.

— Tu mens, tu mens! C'est moi qu'elle aime; elle me l'a dit.

— Tu ne répéteras pas cela, calomniateur!

Et les épées se croisèrent. La nuit tombait, et les rares habitants qui passaient sur la place, loin de songer à mettre fin au combat, fuyaient au plus vite; de sorte que les deux gentilshommes purent en découdre à leur guise. Ils étaient également braves et expérimentés dans les armes et combattirent longtemps sans autre dommage que quelques égratignures aux mains et aux bras; mais il arriva que Puccinelli glissa sur un pavé humide, ce qui donna l'avantage à Bonaccorso. Celui-ci leva le bras pour en finir, et bien lui en eût pris, s'il avait eu le don de lire dans le temps futur. Un bon sentiment arrêta son bras, et il dit à Puccinelli en reculant de quelques pas:

— Relève-toi, Pierre. A vrai dire, j'ai peut-être des torts à ton égard. J'aurais dû t'apprendre où en étaient mes affaires d'amour; mais, que veux-tu, la passion m'a emporté.

Puccinelli s'était relevé prestement, et, sans répondre un seul mot, il porta une si furieuse botte à Bonaccorso, que celui-ci l'ayant parée à grand'peine, n'écouta plus que sa colère, et rendit coup pour coup. Bientôt Puccinelli fut atteint à la cuisse, puis à l'épaule et chancela ; mais, au moment où son adversaire allait profiter de cet avantage, il se fendit à fond et lui planta son épée dans la gorge. Le malheureux râla et se tordit sur le pavé, tandis que le meurtrier se tenait debout devant lui, comme épouvanté de son action. Enfin, le sentiment du danger qu'il courait en restant à Lucques l'emporta sur la joie inquiète et cruelle qu'il éprouvait à contempler son rival vaincu, et il prit la fuite en choisissant les rues écartées qui conduisaient à la porte Saint-Pierre de Cigoli, du côté de Pise.

Le vieux domestique de Mme Catherine, qu'on nommait Checco, étant sorti de grand matin pour faire les provisions de la journée, trouva le premier Bonaccorso étendu au milieu de la place Saint-Martin, nageant dans le sang et comme mort. Checco, qui était dans le secret du mariage projeté entre ce gentilhomme et sa jeune maîtresse, ne trouva rien de mieux à faire que d'appeler quelques passants à son aide, et de transporter le corps chez Mme Catherine. Le mouvement fit revenir Bonaccorso à la vie, et il eut au moins la consolation de recevoir les soins de la belle Dianora, qui ne se doutait guère que ce fût là l'œuvre de son amant. Peut-être même, le sachant, eût-elle prodigué les mêmes attentions au blessé ; car la douceur et la cruauté sont proches l'une de l'autre dans le cœur des femmes.

Quoique ces sortes d'aventures ne fussent pas rares à cette époque, où toutes les villes d'Italie étaient autant de champs ouverts aux mille querelles suscitées par les factions incessantes qui se détruisaient l'une l'autre, celle-ci ne laissa pas de faire beaucoup de bruit, tant à cause de la considération générale dont on entourait les Cenami, que par le fait des belles qualités que chacun se plaisait à reconnaître chez Bonaccorso. La blessure qu'il avait reçue n'ayant attaqué aucune partie vitale, il en fut quitte pour rester trois mois au lit. En second lieu, comme il refusait obstinément, soit générosité, soit dédain, de nommer son meurtrier, Puccinelli ne fut point poursuivi. Mais l'ignorance des événements retint celui-ci, durant tout ce temps, à Pise, où il s'était réfugié.

On juge bien que Bonaccorso mit à profit l'absence forcée de son rival. Mme Catherine, qui l'avait toujours aimé, l'accueillait à merveille, et Dianora elle-même écoutait en souriant les paroles passionnées qu'il lui débitait. Si bien qu'aussitôt sa complète guérison, il obtint ce qu'il avait joué au péril de sa vie. Le maître-autel de Saint-Martin de Lucques vit célébrer le mariage de la signora Dianora de Castracani et du seigneur Bonaccorso de Cenami. Au sortir de l'église, la jeune mariée jetait bien des regards furtifs autour d'elle, mais Puccinelli ne se montra point.

Nous ne nous chargerons point d'expliquer comment il se fit que Dianora eût si promptement oublié le serment fait à Puccinelli de ne jamais appartenir qu'à lui. Cette histoire n'est nullement de notre imagination, mais bien une fidèle narration d'événements véritables. La rumeur publique accusa Dianora de frivolité et d'inconstance, accusation dont elle ne démontra que trop la fausseté plus tard. Quelques personnes la blâmèrent de sa docilité à obéir aux ordres de sa tante; mais ces personnes furent bientôt à même de reconnaître le peu de fondement de leurs reproches, quand il ne leur fut plus possible de s'illusionner sur le caractère indomptable de cette jeune femme. Nous sommes donc portés à croire qu'elle avait une grande haine pour Bonaccorso, et qu'elle ne s'était unie à lui que par un raffinement de cruauté. Pourtant il est possible que les belles qualités et la passion sincère de son mari eussent amolli son cœur, si Puccinelli ne se fût jamais représenté à ses yeux.

Ainsi s'accomplit cette union, qui devait être fatale aux deux rivaux.

Bonaccorso, en homme fort amoureux de sa femme, l'entourait de mille attentions délicates; ses moindres caprices étaient des lois pour lui. Tout le patriciat de Lucques était incessamment convié aux fêtes que prodiguait le nouvel époux. Les jeunes cavaliers enviaient son bonheur et

Mᵐᵉ Catherine jouissait de son ouvrage en bonne parente qu'elle était.

Un soir, fatiguée de danses et de propos galants, Dianora s'était accoudée sur une balustrade de pierre qui dominait la rue où s'élevait la maison des Cenami. Les tentures épaisses de la fenêtre étaient retombées derrière elle et assourdissaient le bruit de la fête. Depuis quelques minutes elle rêvait en silence, le front dans la main, quand une ombre sortit de l'angle d'une rue voisine, et, s'avançant vers elle, s'arrêta devant la maison. D'abord elle y fit peu d'attention ; mais la personne dont il s'agit écarta le manteau qui lui cachait la figure, et s'écria d'une voix contenue :

— Ah ! Madame, qui aurait pensé que vous me trahiriez ainsi !

La jeune femme se pencha vivement vers cette personne, et reconnut Pierre de Puccinelli. Elle étouffa un cri de surprise, et voulut se retirer aussitôt ; mais il reprit d'une voix agitée :

— Restez, Dianora, restez, au nom de Dieu ! et répondez-moi. Je ne sais ce qui me retient d'entrer dans cette maison maudite, et d'achever le traître que j'ai manqué une première fois.

— Plus bas, Pierre ! dit la jeune femme. C'est donc vous

qui avez percé Bonaccorso d'un coup d'épée, sur la place Saint-Martin?

— C'est moi. Que ne l'ai-je mieux frappé et plus à fond !

— Vous eûtes tort, en effet. Mais retirez-vous. Soyez demain, de grand matin, derrière le troisième pilier de la nef de Saint-Martin.

Cela dit, elle disparut derrière les tentures, et Puccinelli s'éloigna. Dès cette heure, la destinée de Dianora fut décidée, car la vue de son amant avait réveillé dans son cœur toute la passion qui s'y était assoupie. Elle n'eut pas plutôt arrêté le dessein de trahir son mari, qu'elle commença de le mettre à exécution.

Ici, le chroniqueur italien, auquel nous devons le récit de ce drame, fait la réflexion suivante que nous traduisons littéralement : « Il en est ainsi, comme chacun sait, des femmes de notre Italie. Celles de France sont grandement fausses et inconstantes; celles d'Allemagne froides et apathiques; celles d'Angleterre romanesques; mais les Italiennes sont d'un sang plus irritable; elles détestent, elles aiment avec fureur. Il est aussi dangereux d'être leur amant que leur ennemi. Il n'est pas d'homme qui ait l'haleine assez longue pour porter jusqu'au bout le poids de leur haine ou de leur amour. Du reste, les hommes sages doivent éviter les femmes; car, en général, ce ne sont point de bonnes créatures. »

Telle est l'opinion de notre chroniqueur; nous la livrons au lecteur pour ce qu'elle vaut.

Le lendemain matin, sous prétexte de se rendre au tribunal de la pénitence, Dianora sortit seule et gagna l'église Saint-Martin, aussi prochaine de la maison de son mari que de celle de sa tante, comptant bien rencontrer Puccinelli derrière le pilier qu'elle lui avait indiqué, ce qui ne manqua pas d'arriver. L'église était déserte à cette heure matinale. Les deux amants purent s'entretenir en liberté et arrêter l'heure et le lieu de nouveaux rendez-vous. Au moment de quitter Puccinelli, Dianora lui dit :

— Ah ! Pierre, qu'avez-vous fait ? Si ce malheureux combat n'avait point eu lieu, vous auriez pu fléchir ma tante, et nous serions unis.

— Chère dame, répondit Puccinelli, vous m'en voyez au désespoir; mais tout n'est pas perdu si vous m'aimez.

— Songez, reprit Dianora, combien je suis à plaindre ! Ma vie tout entière n'est-elle pas enchaînée à un homme que je hais? La mort seule peut rompre mes nœuds.

— C'est à quoi je songeais, chère dame. Écoutez : fuyons cette ville, et allons cacher nos amours dans quelque autre pays.

— Il n'est point de remède à nos maux, Pierre. Vous ne pouvez consentir à ce que je perde ma bonne renommée.

D'autre part, notre amour sera coupable, tant que Bonaccorso vivra.

— Le traître ! murmura Puccinelli qui, à ce nom, sentit renaître toute sa colère; il ne m'échappera point toujours.

— Voici l'heure de nous séparer, dit la jeune femme. Adieu, Pierre; je vous aime.

— Adieu, chère dame; je meurs d'amour pour vous. A demain soir.

Ils se quittèrent; mais Puccinelli resta longtemps immobile et songeur à l'ombre du pilier, prenant soin toutefois de se couvrir la figure de son manteau, car il ne voulait pas être reconnu à Lucques. De mauvaises pensées le travaillaient, et les paroles de Dianora avaient jeté le germe du crime dans son cœur. Nous ne saurions dire quelles bonnes raisons elle lui avait données pour justifier son mariage, mais, à coup sûr, elle avait eu l'art de tout rejeter sur Bonaccorso, de sorte que la haine de Puccinelli s'en augmenta de toute la douleur que ce mariage lui avait causée. Depuis son retour de Pise, il habitait, à l'insu de sa famille, une petite maison délabrée à l'extérieur, mais propre et commode au dedans. Cette maison était située près la porte Saint-Pierre de Cigoli. C'est là que Dianora, grâce à ces mensonges multipliés auxquels les femmes sont si habiles, vint le trouver le lendemain et nombre de fois encore.

Bonaccorso, tout entier aux premiers enivrements de son mariage, semblait avoir oublié son ancien ami. Cependant, comme il persécutait sa femme de sa tendresse et que depuis quelque temps elle lui témoignait presque de l'aversion, il commença de s'inquiéter de ses fréquentes sorties. Sans suspecter Puccinelli, dont il ignorait le retour à Lucques, plus que tout autre cavalier, il ne laissa donc pas de surveiller les démarches de Dianora; mais il semblait que celle-ci eût à ses ordres un démon familier qui l'avertît des intentions de Bonaccorso, car jamais les deux amants ne furent surpris en compagnie l'un de l'autre. Le mari jaloux la suivit un jour jusqu'au seuil de la petite maison dont nous avons parlé, attendit quelque temps dehors et entra soudain. Dianora était tranquillement assise au chevet d'une vieille femme malade ou feignant de l'être. Nous laissons à penser si elle se montra courroucée des soupçons injurieux de son mari, lequel lui jura, très honteux, qu'il ne douterait jamais plus d'elle.

Sur ces entrefaites, les beaux jours étant venus, et toutes les familles nobles et riches de Lucques se retirant à la campagne, Bonaccorso fit part à Dianora du dessein où il était de l'emmener dans un château qu'il possédait, à trois lieues de la ville, au pied de l'Apennin. Dianora résista longtemps sous différents prétextes; mais à la fin, craignant de corroborer les soupçons qu'elle avait excités dans l'esprit de son mari, elle donna connaissance de cet incident à Puccinelli, et partit peu de jours après. Le château des Cenami, fortifié comme tous ceux de l'époque, s'adossait contre la montagne, mais sa tour principale surplombait les rochers du Serchio, torrent rapide de l'Apennin, et dont les eaux rapides roulaient à cinquante ou soixante pieds de profondeur. Les fondements du château s'élevaient donc sur les bords de cet abîme. Or, des larges embrasures de la maîtresse-tour, non seulement l'œil embrassait le lit profond du torrent, mais encore, comme l'eau avait ruiné le rocher de ce côté, il était facile de laisser tomber un corps quelconque de la tour dans le gouffre. Ceci importe à la compréhension de ce qui va suivre. C'est là que Bonaccorso conduisit Dianora.

Toutes les distractions, tous les amusements imaginables lui furent prodigués. Tantôt c'était la chasse aux hérons dans les marais de la plaine; tantôt la chasse aux cerfs dans la forêt voisine. Bonaccorso avait convié plusieurs seigneurs et dames de Lucques, croyant plaire à sa jeune femme; mais rien ne faisait à la mélancolie de celle-ci qui en était arrivée à ne pouvoir plus supporter les liens qui l'unissaient à Cenami. Ce dernier, ne sachant à quelle cause attribuer la tristesse de sa femme, multipliait ses efforts, mais vainement. Cependant une grande chasse eut bientôt lieu dans la forêt. Tous les hôtes du château y prirent part, ainsi que Dianora. On battit les bois de grand matin, et le cerf ayant été lancé, les cavaliers et les dames coururent à cheval durant tout le jour, de sorte qu'à l'approche de la nuit, Dianora se trouva fortuitement, ou plutôt selon son secret désir, séparée de son mari et du gros de la compagnie. Elle rentra donc seule au château, et s'enferma dans son appartement qui donnait sur le torrent, se disant fort malade devant ses serviteurs. Quelques minutes après, un homme sortit de l'ombre des rochers du Serchio; une échelle de corde lui fut jetée par Dianora, et il disparut bientôt dans l'intérieur de la tour. C'était Pierre de Puccinelli.

Nous ne savons si la chaleur de leurs sentiments fit qu'ils ne s'aperçurent pas de la fuite du temps, mais toujours est-il que Dianora fut prise d'une grande frayeur en entendant tout à coup le bruit de la cavalcade qui revenait au château, et bientôt après la propre voix de Bonaccorso frappant à la porte et demandant à entrer. Le premier mouvement de Puccinelli fut de se précipiter vers la fenêtre; mais Dianora, qui probablement voulait en finir, le poussa derrière son prie-Dieu et ouvrit. Bonaccorso entra.

Il jeta un regard involontairement inquisiteur autour de la chambre. Se laissant tomber sur un siège, il dit avec indifférence :

— Vous nous avez quittés bien promptement, Madame?

— Je m'étais égarée, répondit Dianora. La fatigue m'accablait, et force m'a été de revenir seule au château.

— Vous avez sagement agi. Pourtant je regrette de ne vous avoir pas accompagnée, car les chemins sont peu sûrs par le temps qui court.

— Je vous suis reconnaissante, seigneur ; mais je n'ai rencontré personne.

— Vraiment? J'aurais cru le contraire.

— Vous vous seriez trompé.

— Tel n'est pas mon avis.

— Que voulez-vous dire? seigneur. Cette persistance est étrange. Quelle est votre pensée? Je ne vous comprends pas.

— Madame, dit froidement Bonaccorso, il y a un homme ici.

Dianora le regarda fixement et répondit :

— En êtes-vous bien certain?

— Écoutez, continua Bonaccorso sans s'émouvoir, j'ai remarqué que vous quittiez la chasse à dessein. Je vous ai suivie, et j'ai vu un homme monter ici par une échelle de corde. Ce fait m'a expliqué clairement ce que votre conduite à Lucques avait d'obscur pour moi. J'ai pris aussitôt une résolution inébranlable, nul ne m'a vu rentrer au château ; je suis venu dans cette tour par un passage qui n'est connu que de moi. Nous sommes donc seuls, Madame. Que votre amant se montre, s'il n'est pas un lâche. Un de nous deux doit mourir et sera jeté dans le Serchio. Que je succombe ou que je triomphe, vous serez délivrée de ma vue; car, dans ce dernier cas, j'ai l'intention d'aller servir le roi Philippe de France, et de fuir l'Italie pour jamais.

Dianora ne répondit rien; mais en ce moment le prie-Dieu fut repoussé et Puccinelli se dressa devant Bonaccorso, pâle de rage et l'épée à la main.

— C'est toujours toi, Pierre, dit Bonaccorso avec calme.

— Voici ta dernière heure, murmura Puccinelli. Défends-toi !

— Ma cause est sainte et juste, Pierre, et tu as deux crimes sur la conscience, un premier meurtre et l'adultère. Ne trembles-tu pas d'affronter le jugement de Dieu?

— Je tremble que tu ne m'échappes, Bonaccorso.

— En garde donc ! et que Dieu protège le bon droit !

Les deux gentilshommes s'attaquèrent. Ce ne fut point d'abord une lutte aveugle. Leur haine mutuelle faisait qu'ils ménageaient leurs forces. Habiles qu'ils étaient, maîtres d'eux-mêmes et sachant qu'une mort certaine serait le prix d'un moment d'oubli ou de précipitation, ils suivaient d'un œil calme et vigilant les rapides mouvements de leurs épées. Les coups et les parades se succédaient avec promptitude, mais avec toute la science qui eût été déployée dans un combat à armes courtoises. Cependant ce sang-froid ne pouvait durer. Une atteinte légère que reçut Puccinelli, dont le caractère était plus emporté que celui de Bonaccorso tira le premier celui-ci de sa réserve prudente. Il engagea plus vivement le combat, et toucha Bonaccorso à l'épaule; mais la parade tardive et d'autant plus violente de ce dernier brisa l'épée de Puccinelli par la moitié. Le gentilhomme à demi désarmé fit un bond en arrière. Cenami s'arrêta un instant et lui dit :

— C'est le jugement de Dieu, Pierre. Prépare-toi à mourir.

— Viens donc! répondit Puccinelli avec un cri féroce. Tout n'est pas fini.

La lutte recommença en silence, mais avec fureur. La longue épée de Bonaccorso frappa dix fois Puccinelli, qui rugissait de rage. Aucune de ces blessures n'était cependant assez grave pour l'abattre. Le désespoir le prit à la gorge, le sang lui obscurcit les yeux; il se précipita tête baissée, s'enferra le bras droit, et plongea à deux reprises le tronçon de son arme dans la poitrine du malheureux Bonaccorso, qui expira sur-le-champ.

Durant toute la lutte, Dianora était restée immobile, pâle et les bras croisés, dans un coin de l'appartement; mais, dès la mort de son mari, elle s'élança vers son amant qui chancelait, baisa sa main sanglante, et lui dit avec un cri de triomphe et d'amour :

— Pierre, Pierre, nous sommes libres !

Le corps de Cenami fut jeté dans le torrent, et les eaux le roulèrent sous les rochers, car il ne reparut point. Le sang qui tachait le parquet fut lavé avec soin, et les blessures légères de Puccinelli pansées. Puis il retourna secrètement à Lucques, selon le désir de Dianora, pour y attendre les événements. Quant à cette femme, quoiqu'elle ne fût pas sans une grande perplexité d'esprit, elle eut l'audace d'interroger le lendemain tous les gens du château sur le sort de son mari. Celui-ci avait dit vrai; nul ne l'avait revu. Les recherches faites dans la forêt furent inutiles, comme il était naturel. Alors Dianora feignit une grande douleur, et finit par revenir à Lucques où elle excita la pitié de tout le monde. Elle quitta la maison de son mari et habita de nouveau celle de Mme Catherine, qui, ne s'occupant plus guère que de ses devoirs religieux, la laissa parfaitement libre de ses actions. Dieu sait si elle en profita ! Jamais deux amants ne s'étaient aimés d'un plus furieux amour. La passion prit même le dessus sur la prudence; et deux mois s'étaient à peine écoulés depuis la disparition de Bonaccorso, que toute la ville de Lucques savait que Puccinelli était l'amant de Dianora. Cela causa un grand scandale et fit naître de terribles soupçons. Cependant, à défaut de preuves, les meurtriers ne furent point inquiétés.

Bonaccorso laissait un frère plus jeune de quelques années, alors au service de la seigneurie de Venise. On le nommait Lorenzo de Cenami. Puccinelli le connaissait, mais Dianora ne l'avait jamais vu. Ce qui devait arriver arriva. Lorenzo apprit le malheur qui frappait sa famille, en même temps que les soupçons qui planaient sur sa belle-sœur, dont la liaison avec Puccinelli était connue. Le jeune cavalier quitta Venise et vint à Lucques. Ne voulant point frapper des innocents, il fit des perquisitions nombreuses qui ne l'éclairèrent point sur le destin de son frère. Il se préparait à retourner à Venise, lorsqu'il reçut on ne sait d'où ni de qui le billet suivant :

« Je meurs assassiné par Puccinelli et Dianora. Tue l'homme, épargne la femme. Elle est indigne de mourir de ta main.

« Ton frère, BONACCORSO. »

Lorenzo attendit la nuit, prit son épée, et alla se promener sur cette même place Saint-Martin où avait eu lieu le premier combat des deux rivaux. Puccinelli avait l'habitude d'y passer tous les soirs, se rendant chez Dianora. A l'heure accoutumée, il parut à l'angle de la place, qui était déserte comme toujours vers le soir. Lorenzo alla à sa rencontre et lui dit :

— Seigneur Pierre de Puccinelli, on me nomme Lorenzo de Cenami. Vous avez tué mon frère. Il me faut le venger. Êtes-vous prêt?

— Seigneur Lorenzo, répondit Puccinelli, tel est votre devoir. Je suis tout à vous.

— Notre combat ne peut avoir lieu ici, seigneur. Il se pourrait qu'on nous interrompît. Suivez-moi. Je sais un endroit sûr, non loin d'ici.

Cela dit, il marcha en avant et conduisit son adversaire, par des rues détournées, derrière les remparts de la ville. Le ciel était pur et brillant, la campagne silencieuse; le combat s'engagea. Nous n'en décrirons pas les péripéties. Puccinelli succomba. Lorenzo lui coupa la tête, qu'il cacha sous son manteau, et rentra dans Lucques, se dirigeant vers la maison de Mme Catherine, où demeurait Dianora.

Elle était assise dans la vaste salle où s'était écoulée sa jeunesse, belle et pâle comme une statue de marbre. Sa tante, étant malade, s'était retirée de bonne heure. Elle attendait Puccinelli, qui tardait plus que de coutume. Ce retard l'inquiétait. Nous ne saurions dire si le remords de son crime travaillait le cœur de cette femme, dont les passions étaient si ardentes; mais une sombre tristesse se lisait sur son visage, si beau et si doux. On eût dit que le pressentiment de ce qui allait suivre traversait son esprit. — L'impatience la força de se lever; elle fit plusieurs pas avec une action fiévreuse; puis elle entendit le pas d'un homme dans l'escalier, et courut à la porte avec un sourire de joie. Un étranger entra. Comme il était couvert d'un large et long manteau, elle crut que c'était Puccinelli, et lui dit tendrement :

— C'est mal à vous, Pierre, d'être venu si tard.

— Ce n'est pas Pierre de Puccinelli, répondit l'étranger en se découvrant la figure : c'est moi.

— Et qui êtes-vous, seigneur? s'écria-t-elle en reculant avec effroi.

— Je suis Lorenzo de Cenami, le frère de votre époux, Madame. J'ai appris le malheur commun qui nous a frappés tous deux, moi, dans mon amitié fraternelle, vous, dans votre amour, et je viens vous saluer et pleurer avec vous.

Aux premiers mots de Lorenzo, Dianora, se sachant coupable, avait frémi d'épouvante, mais les dernières paroles du nouveau venu l'avaient rassurée. Elle porta la main à ses yeux, et feignit de pleurer en disant :

— Ah! seigneur Lorenzo, c'est un bien grand malheur en effet.

— Sans doute, Madame et chère sœur. Aussi ai-je cru que la vue d'un frère qu'a si vivement aimé notre Bonaccorso serait un adoucissement à vos peines cruelles.

— Vous avez bien jugé, seigneur, et je vous suis reconnaissante de ne m'avoir point oubliée dans ma détresse.

— Pourquoi vous êtes-vous retirée de la maison de mon frère, chère sœur?

— Elle me rappelait trop cruellement celui que je pleurerai toujours, seigneur Lorenzo.

— Ne seriez-vous pas désireuse de savoir jusqu'à quel point il vous aimait? J'ai à vous faire un présent dont il se réjouira dans sa tombe lointaine, si toutefois il ne vit plus.

— Ah! seigneur, qu'est-ce donc? Donnez, donnez, ce souvenir me sera bien cher.

— Le voici, dit Lorenzo, en posant sur les genoux de Dianora la tête sanglante de Puccinelli.

Elle prit cette tête à deux mains, pâle, égarée, ne pouvant parler, la reconnut, poussa un horrible cri de désespoir et tomba à la renverse comme un cadavre.

Lorenzo lui jeta un long regard de haine et de mépris, et sortit. On ne le revit plus à Lucques, car il se retira à Venise, où il mourut quelques années après.

Ainsi finit la chronique de la belle Dianora de Castracani. Elle se retira chez un des parents de son père, nommé Antonio de Castracani, et qui était chanoine de l'église

Saint-Michel. Comme elle était enceinte, et que le mépris public la poursuivait, son parent lui céda une petite maison de campagne, située à un mille de Lucques. C'est là qu'elle mit au jour, le 28 mars de l'an de grâce 1281, Antelminelli Castruccio de Castracani qui, joignant plus tard à son génie naturel les passions sans frein de sa mère, devint seigneur de Lucques, dominateur de Pise, lieutenant de l'empereur Frédéric de Bavière, et le plus mortel ennemi de la République florentine. — Ce fut un grand politique et un grand capitaine. Sans pitié pour ses ennemis, soupçonneux et loyal, plein d'astuce et de grandeur d'âme, il régna glorieusement, et mourut après une victoire.

MARCIE

I

MARC-HONORÉ de Rabastens, marquis de Villefranche, issu d'une vieille famille du Languedoc, était, en 1780, un des derniers représentants des émigrations nobiliaires que le désir de réédifier une fortune dérangée avait amenées aux colonies, lors de la fondation par Louis XIV, en 1710, de la Compagnie des Indes françaises. M. de Villefranche, père du marquis actuel, ruiné à Pondichéry, par suite des désastres survenus dans la lutte malheureuse soutenue contre l'Angleterre, s'était retiré à Bourbon, où d'importantes concessions lui furent faites, à la partie sous le vent, entre les ravines de Saint-Gilles et de Bernica. Puissamment favorisé par la fécondité d'une terre vierge et par le grand nombre d'esclaves qu'une traite active multipliait dans la colonie, il ne tarda pas à se créer une fortune considérable qu'il laissa à son unique héritier, le comte Marc-Honoré, devenu marquis de Villefranche. Ce dernier avait pris part dans sa jeunesse, de même que l'élite des créoles de l'Ile de France et de Bourbon, à la brillante expédition de M. de la Bourdonnaye contre Madras. Le seul épisode romanesque qui se rencontrât dans la vie peu accidentée du marquis, datait de la nuit où Dupleix viola la capitulation de Madras et livra au pillage et à l'incendie la ville noire et la ville blanche. Au milieu des cris et de la flamme, tandis qu'il s'efforçait à la tête de sa compagnie de volontaires de réprimer la fureur dévastatrice des soldats de Dupleix, un vieillard arménien et sa fille avaient imploré sa protection. La chaleur du moment, les supplications du père qui succomba devant lui aux blessures qu'il avait reçues, la beauté, l'effroi, les larmes de la jeune Arménienne troublèrent de telle sorte le cœur de Marc-Honoré, et d'un autre côté le grand air du comte et sa généreuse conduite émurent tellement sa protégée, qu'il s'ensuivit une union qui mécontenta fort M. de Villefranche père, mais qu'il finit par sanctionner, comme il est d'usage.

De ce mariage insolite entre l'héritier des Rabastens du Languedoc et la fille d'un marchand arménien de Madras résulta la naissance d'un enfant, quelque vingt ans après.

Depuis la mort de son père, le marquis avait passé de longs jours pleins de calme et de monotonie. Une seule, mais une grande douleur l'avait frappé; ce fut la perte de sa femme, qui lui laissa Marcie de Villefranche, sa fille, sur laquelle il reporta exclusivement toutes ses affections.

Au mois de juillet 1780, nous retrouvons le marquis, vers les six heures du matin, assis sous une large varangue, dans son habitation du Bernica, et fumant une longue pipe à godet d'argent. C'était un homme de cinquante-six à soixante ans, d'une haute taille, hâlé par le soleil, et revêtu d'une large robe de chambre à ramages, de pantalons à pieds et d'un chapeau de paille de dattier tressée à la manière des noirs. Il portait ses cheveux encore bruns, sans poudre ni queue. Ses traits grands et nobles avaient une expression bienveillante qui attirait tout d'abord. En face, debout devant lui, dans une attitude de respect et de confiance, un noir semblait attendre que son maître l'interrogeât. Cet esclave n'avait rien des signes de dégradation dont sa race est frappée. Le front était haut, les traits énergiques, mais proportionnés, l'œil noir et hardi. On devinait, sous le léger vêtement de toile bleue qui les couvrait, la vigueur et la souplesse des bras et de la poitrine. La couleur de sa peau disait qu'il était né dans la colonie.

Le marquis secoua lentement les cendres de sa pipe en la frappant par petits coups sur le bras de son fauteuil indien, puis il se renversa en arrière, et se mit à regarder le noir de l'air d'un homme qui réfléchit profondément.

— Tu as mal vu, mal entendu, Job, dit-il enfin. C'est égal, tu es un bon noir, tu aimes tes maîtres, et nous ferons de toi un homme libre dans quelque temps.

Ici le marquis prit, dans une des poches de sa robe de chambre, une belle blague de peau de pingouin, en tira avec le bout des doigts réunis du tabac à fumer, et l'offrit au noir, qui le reçut respectueusement.

— Tiens, mon garçon. Il faut que tu aies rêvé cette nuit dans la case au lieu de faire ta tournée.

— Non, non, maître, dit Job avec un ton de certitude qui parut réveiller les craintes du marquis; Job a de bons yeux et de bonnes oreilles; il a vu et entendu. Mamzelle Marcie même s'est éveillée, car Rite est venue à la fenêtre avec une lampe. Mais l'homme était déjà sorti par la grille, et, quand il m'a entendu courir, il a détaché son cheval de ce grand manguier là-bas, et il est parti au galop.

— Tête-bleu! s'écria le marquis, quel peut être le coquin qui se permet d'entrer chez moi pendant la nuit et de vouloir escalader la fenêtre de ma fille ? Écoute, mon garçon, ce soir, tu viendras veiller dans ma chambre, et tu auras soin de charger ma carabine à chasser le cabri. S'il reparaît, je le tue comme un chien enragé. C'est entendu. Donne-moi du feu. Mène la bande à la cáférie. Tu es un bon commandeur et un bon serviteur, Job. Ne parle pas de tout ceci à M. de Gaucourt ; il serait capable de faire sentinelle et de pourfendre le premier venu à l'aveugle. Après tout, tu t'es peut-être trompé. Enfin, nous verrons.

Job quitta son maître, qui se remit à fumer de plus belle.

L'habitation de Villefranche, comprise du nord au sud entre les ravines de Saint-Gilles et de Bernica, était bornée, dans sa partie basse, par la route de Saint-Paul à Saint-Leu, qui séparait les terres cultivées de la savane du Boucan-Canot. C'était une vaste lisière qui, d'après la concession faite au premier marquis de Villefranche, devait s'étendre de la mer aux sommets de l'île ; mais les défrichements s'étaient arrêtés à cette époque bien au-dessous de la limite où ils sont parvenus aujourd'hui ; la forêt du Bernica couvrait alors de son abondante et vierge parure les deux tiers de la concession. L'emplacement où s'élevait la demeure du marquis était situé sur la cime aplanie d'un grand piton, d'où la vue embrassait la baie de Saint-Paul, la plaine des Galets et les montagnes qui séparent le quartier de la Possession de Saint-Denis. Vers l'ouest, en face de la varangue sous laquelle fumait M. de Villefranche, la mer déroulait son horizon infini. C'était un vaste tableau où resplendissait aux premières lueurs du soleil cette ardente, féconde et magnifique nature, qui ne s'oublie jamais. M. de Villefranche, né dans l'Inde, élevé à Bourbon, sans se douter beaucoup de l'attrait invincible qu'exerçait sur lui cette nature luxuriante, la seule qu'il connût, s'y rattachait pourtant par des liens si nombreux et si forts, que l'idée de réaliser sa fortune et de gagner la France ne lui était jamais venue. Ne vivant que pour sa fille, prêt à tout faire pour peu qu'un désir quelconque fût exprimé par cette enfant si chère, image vivante d'une femme qu'il avait passionnément aimée, il prévoyait dans son cœur les moindres fantaisies de sa fille, choses sérieuses pour lui; mais il n'avait jamais supposé qu'elle voulût un jour quitter Bourbon.

Marcie de Villefranche avait dix-huit ans en 1780, époque où se passe notre drame. Douée de la grande beauté de sa mère, elle avait plus de fermeté dans les traits et dans la démarche. L'air vif et pur de la montagne avait légèrement doré la blancheur native de sa peau; l'énergie calme de ses yeux noirs n'en excluait pas un charme d'attraction irrésistible. Bonne et accessible à tous, la bienveillance parlait la première en elle; mais son estime ou son admiration ne résistait pas à une parole mauvaise, à une action qu'elle blâmait. Ses affections étaient inexorables. Celui qui n'atteignait pas l'idéal préféré, ou qui, l'ayant atteint, faiblissait un instant, celui-là mourait dans son cœur pour ne plus revivre. On eût dit que son père, en lui donnant toute liberté, lui avait commis la garde de la pureté de son âme et de l'élévation de son esprit. Elle veillait comme une vestale dans l'ombre de son cœur le feu sacré des nobles pensées et de l'amour des belles actions. Sachant peu de choses, elle avait le *mens divinior* de tout ce qui est grand et juste. Au mois d'octobre suivant, elle devait épouser son cousin, le chevalier de Gaucourt, qui, depuis une année, était arrivé dans la colonie, sur la demande expresse du marquis.

Quant au chevalier, son histoire et son portrait exigent peu de peine. Cadet de famille, ardent au plaisir et peu à l'aise du côté de la fortune, couvert de dettes et menaçant fort d'en faire de plus belles, brave comme il faut l'être, incapable de songer à autre chose qu'aux amours d'un jour ou d'une nuit, et aux duels hebdomadaires, le chevalier désespérait Mme de Gaucourt, sa mère, cousine germaine du marquis. L'un et l'autre reçurent avec une grande joie les offres qui leur furent faites par M. de Villefranche. La perspective du riche mariage qu'elles laissaient entrevoir au chevalier, ne lui permit pas d'hésiter. Il partit et arriva. Sachant le monde et passablement spirituel, sans trop comprendre la nature élevée de Marcie, il s'était tout d'abord plié aux fantaisies un peu sauvages, à son sens, de la belle créole. Marcie, pleine de confiance et de droiture, l'avait accepté pour ce qu'il se donnait. Mais cette contrainte d'une longue année commençait de fatiguer cruellement le chevalier; il se débattait contre le rigorisme de ses mœurs nouvelles, tout en aimant sa cousine à sa manière, c'est-à-dire d'une façon fort différente d'elle; et nul doute qu'il n'eût été très effrayé de l'amour sérieux et profond de Marcie, s'il l'eût soupçonné. C'était, du reste, un beau jeune homme fort élégant, dont raffolaient les petites blanches du quartier et qu'enviaient les jeunes créoles à deux lieues à la ronde.

A l'heure où le marquis fumait matinalement sous sa varangue, un homme, un blanc, courait à cheval le long de la ravine de Bernica. Ses traits pâles et fiévreux, ses vêtements en désordre, les saccades qu'il imprimait au mors de sa monture, témoignaient d'une violente agitation. Cet homme avait de grands yeux bleus, le front large, les lèvres fines et les cheveux blonds; il était grand et mince comme la plupart des jeunes créoles. Parvenu à un affaissement subit du terrain, sur le bord de la ravine, il arrêta brusquement son cheval, mit pied à terre, et, nouant les rênes au tronc d'un petit arbre voisin, il alla s'asseoir au penchant du précipice qui descendait à deux ou trois cents pieds au-dessous de lui ; puis il posa son front entre ses mains et resta immobile.

Georges Fleurimont descendait d'une de ces familles d'ouvriers qui furent les premiers habitants français de l'île Bourbon. Moins favorisés que leurs égaux, les Fleurimont étaient restés dans un rang inférieur d'où la fortune même n'avait pu les faire sortir. C'était une famille de *petits blancs*. Cette étrange démarcation entre colons s'est perpétuée de telle sorte que les *petits blancs* forment aujourd'hui une race à part, ni blanche, ni noire, qui se dit créole par excellence et habite les îlettes au milieu des ravines intérieures de l'île. Georges n'eût pas été homme à s'inquiéter de cette position inférieure. Propriétaire de deux cents noirs et d'une belle habitation plantée en caféiers, libre de ses faits et gestes, orgueilleux et indolent, il eût accepté sans daigner s'en plaindre toute aristocratie qui ne l'eût pas borné dans sa liberté d'action. Mais une passion d'autant plus violente que sa nature normale était apathique, s'était allumée dans son cœur, et ses désirs inassouvis le dévoraient. Si Marcie de Villefranche avait pu deviner que cet homme pâle qu'elle rencontrait si fréquemment dans ses promenades, et qui, à sa vue, se hâtait de fuir ou de se cacher pour la suivre à la dérobée, nourrissait pour elle un amour sauvage qu'il ne pouvait plus contenir, à coup sûr elle se fût gardée d'affronter un danger devenu terrible ; mais à peine la fière créole avait-elle prêté une attention passagère à ces rencontres aussitôt effacées de sa mémoire.

Les souffrances de Fleurimont étaient d'autant plus profondes, qu'elles ne pouvaient cesser que par l'oubli ou un crime. L'oubli était impossible mais le crime l'effrayait. Le mélange de vénération et d'ardeur qui l'entraînait vers Marcie brisait sa volonté; le sentiment de son infériorité sociale le terrassait. C'est par suite de ces mouvements contraires qu'il s'était aventuré jusque sous les fenêtres de Mlle de Villefranche, au risque de tout perdre, elle et lui. Il s'était donc enfui à l'arrivée de Job, et depuis ce moment il n'avait cessé sa course fiévreuse qu'à l'endroit où nous l'avons laissé, sur les bords de la ravine. Deux heures s'étaient écoulées en silence, quand des pas de chevaux et un bruit de voix le réveillèrent brusquement de sa morne préoccupation. Il tourna lentement la tête de côté, et devint pâle comme un mort en reconnaissant M. de Villefranche, sa fille et le chevalier de Gaucourt, suivis de Job, qui portait deux fusils de chasse, et d'une jeune négresse, favorite de Marcie, d'où lui était venu le diminutif de Rite. Il se cacha précipitamment derrière le quartier de roche sur lequel il était assis, et laissa passer les nobles créoles; puis il détacha son cheval, et les suivit de loin sans jamais les perdre de vue.

II

Marcie était heureuse de la nouvelle affection survenue dans sa vie.

Le sentiment qu'elle éprouvait pour son jeune parent la pénétrait d'une sorte de quiétude religieuse fort différente sans doute d'une émotion violente, mais qui, en s'évanouissant, n'en eût pas moins laissé un vide mortel dans son cœur. M. de Gaucourt était jeune, aimable, et pris en grande affection par le marquis. C'en était assez pour que Marcie, comme toutes les âmes vierges et passionnées, vît en lui l'idéal qu'elle s'était créé, et qu'il était si loin de réaliser. La perspective de vivre et de mourir à Bourbon ne plaisait que fort médiocrement au chevalier, et son intention bien arrêtée, aussitôt son mariage, était d'engager vivement son oncle et sa femme à partir pour la France. Le chemin que suivait la petite cavalcade conduisait au sommet des défrichements, à l'entrée de la forêt. C'était la promenade préférée de Marcie quand elle était accompagnée du marquis. Ils eurent bientôt atteint la limite cultivée de l'habitation, et entrèrent sous l'épaisse voûte des arbres, à travers laquelle la clarté du soleil filtrait en mille rayons multipliés, mais espacés par les impénétrables couches du feuillage. L'abondante et vigoureuse végétation de la forêt s'épandait autour d'eux et sur leur tête avec la profusion magnifique de sa virginité. Une innombrable quantité d'oiseaux voletaient et chantaient dans les feuilles, et la brise de terre qui descendait des cimes de l'île balançait comme des cassolettes de parfums les riches fleurs des lianes enroulées autour des branches et des troncs.

— Voyez, mon cousin, dit Marcie avec admiration comme notre pays est beau ! N'est-ce pas un paradis? Vous pouvez dormir sur l'herbe sans craindre les serpents et les animaux féroces de l'Inde; elle ne nous a donné que ses oiseaux, qui sont les plus richement vêtus du monde. Ah ! c'est ici qu'il faut vivre et mourir, sous l'œil de Dieu, entre ceux qu'on aime, en face de la nature éternelle !

— Le chevalier pense que tout ici est bien un peu sauvage, y compris les jeunes filles enthousiastes, dit M. de Villefranche en riant. N'est-ce pas, de Gaucourt? Les grandes dames de Versailles aimeraient-elles à s'aventurer dans les bois pour le seul plaisir de respirer un air plus pur et d'admirer ces vieux arbres qui enchantent Marcie?

— Ces dames n'aiment guère que le demi-jour de leurs boudoirs, mon oncle; et je doute que l'amour de la nature ait jamais avancé de cinq minutes le moment de leur lever. Pour moi, je pense comme Marcie : voici une noble forêt et un ciel royal. C'est grand dommage que vous n'ayez ni cerfs ni chevreuils; on dit que l'Ile de France en regorge.

— Nous avons la vieille chasse créole, le cabri marron. Tu verras bientôt, chevalier, que cela vaut la peine de faire un tour dans la montagne. En attendant, si tu veux tirer aux merles et aux pieds-jaunes, tu n'as qu'à le dire. Voici Job qui s'y connaît et qui nous mènera aux bons endroits.

— A vos ordres, mon oncle; mais ne viendrez-vous point avec nous, Marcie?

— Non, non, Louis, dit la jeune fille en sautant à bas de son cheval; je resterai ici avec Rite. Allez tous deux, faites bonne chasse, et ne m'oubliez pas tout à fait.

Le marquis et son neveu s'éloignèrent sur les pas de Job qui frayait le chemin. Marcie les suivit du regard jusqu'à ce qu'ils eurent disparu sous les feuilles et s'assit sur la mousse, tandis que Rite, jeune négresse de quinze à seize ans, aux yeux brillants, aux belles dents étincelantes, s'amusait à courir autour de sa maîtresse en cueillant des cascavelles et des fleurs de lianes.

« Être jeune, belle, aimée, c'est le bonheur, pensait Marcie, et ce bonheur est le mien. Que puis-je désirer? Quel rêve puis-je former qui ne soit aussitôt exaucé? Mon mariage sera aussi heureux que ma jeunesse aura été douce et calme. Louis a un noble cœur; il m'aime. Mon père est plein de santé et de gaieté... Oh ! je suis reconnaissante à Dieu d'être née ! »

Elle leva les mains au ciel dans un mouvement de plénitude de cœur; mais ses bras retombèrent aussitôt, sa figure prit une expression de frayeur vague et elle se dressa en s'appuyant contre l'arbre au pied duquel elle s'était assise.

En face d'elle, deux yeux grands ouverts se fixaient sur elle à travers les feuilles. Rite s'était éloignée en furetant dans les buissons; elle était seule et sans défense : Fleurimont écarta vivement les branches qui le cachaient et s'avança vers elle avec violence. Mais il s'arrêta bientôt, pâle et tremblant, en face de la dignité calme sous laquelle la noble fille dissimulait ses mortelles appréhensions.

— Que voulez-vous de moi, Monsieur? lui dit-elle d'une voix émue.

Fleurimont cacha sa tête dans ses mains et ne répondit pas.

— Si vous désirez parler à mon père, vous pouvez tendre de ce côté; il y chasse en compagnie de mon cousin, M. le chevalier de Gaucourt.

Le *petit blanc* se jeta les deux genoux en terre, la main étendue vers elle, et il lui dit avec toute l'énergie d'une ardente passion :

— Oh ! que vous êtes belle ! je vous aime, je vous aime !

— Vous êtes fou, Monsieur, dit Marcie en reculant avec dégoût; retirez-vous, ou j'appelle.

— Si vous poussez un seul cri, si votre père et votre cousin reviennent ici, je les tue, murmura Fleurimont en se levant et en mettant la main dans sa poitrine. N'appelez pas, si vous tenez à la vie de votre père. Écoutez-moi ; je serai bref. Je vous aime tant que ma vie est un supplice. Il faut que cette torture ait un terme ; elle en aura un. Vous êtes en mon pouvoir, et vous ne m'échapperez pas. Suivez-moi ; j'ai là un cheval, voici le vôtre ; dans une heure nous serons en sûreté.

— Vous n'êtes pas seulement un fou, monsieur ; vous êtes un lâche. En quoi ai-je mérité que vous m'insultiez ? Que vous ai-je fait ? Qu'avez-vous à reprocher à mon père ?

— Je vous l'ai déjà dit : je vous aime, et ne puis vivre sans vous. Venez, ne m'obligez pas à employer la force ; ma résolution est immuable.

Marcie hésita un instant ; puis elle s'enfuit droit devant elle en criant :

— Rite ! mon père !

Un coup de fusil lointain répondit seul à ses cris. Fleurimont s'élança sur ses pas, la saisit dans ses bras et l'emporta vers son cheval.

— Misérable ! s'écrie-t-elle en se débattant, lâche ! O mon Dieu ! je suis perdue.

Elle réussit à se dégager de l'étreinte du *petit blanc*, par suite de la crainte instinctive qu'avait celui-ci de la blesser ;

mais la colère, la passion, le péril, bannirent de son cœur un reste de respect, et il se préparait à en finir, quand une main de fer le prit à la gorge et le renversa suffoqué.

— Job ! s'écria Marcie avec un cri de joie; ô mon brave noir, tu m'as sauvée !

Job appuya son genou sur la poitrine du *petit blanc*, et, saisissant le couteau de chasse que celui-ci cachait dans sa veste, il dit gravement à sa jeune maîtresse :

— C'est M. Fleurimont, du Piton-Rouge.

Là-dessus, il leva le couteau en l'air, et allait le plonger dans la gorge de son prisonnier, avec un grand calme, si Marcie n'eût poussé un cri de terreur.

— Job ! Job ! que fais-tu ?

— Chien de nègre ! murmura Fleurimont avec mépris, lâche-moi, où je te ferai mourir sous le bâton.

— C'est bon, dit Job en jetant le couteau; si mamz'elle voulait... mais enfin, c'est bon !

En moins de cinq minutes, Job remettait sur ses pieds Fleurimont dont les mains et les bras étaient solidement liés derrière le dos.

— Détache-le, dit Marcie avec dignité; qu'il parte. Cet homme est fou.

Job coupa d'un coup de couteau les liens du *petit blanc* qui disparut sous les arbres.

III

La colère et l'indignation de MM. de Villefranche et de Gaucourt furent grandes, comme on peut le croire. D'actives poursuites furent dirigées contre le propriétaire du Piton-Rouge, mais toutes furent vaines. Fleurimont n'avait point reparu dans son habitation; nulle trace de sa retraite ne fut reconnue. Marcie s'était remise de l'alarme inattendue qui l'avait assaillie, et le calme ordinaire de sa vie chassait peu à peu de son esprit le souvenir du petit blanc.

Deux mois après ces événements, par une chaude et lourde soirée, vers les dix heures, Marcie venait de quitter son père et son fiancé et de rentrer dans le pavillon qu'elle habitait. L'époque de son mariage était prochaine, et les émotions qu'excitait dans son cœur cet acte solennel de sa vie lui faisaient rechercher la solitude. N'est-il pas vrai de dire que l'attente du bonheur, pour être d'une tout autre nature que l'appréhension d'un événement malheureux, n'en est pas moins oppressante? Marcie accoudée sur le rebord de sa fenêtre, tout entière au sentiment nouveau qui la possédait, contemplait avec une joie profonde et mélancolique cette belle terre natale où avait fleuri sa jeunesse à l'ombre de l'amour paternel, amour protecteur qui avait si longtemps rempli son cœur et qui s'effaçait aujourd'hui devant une tendresse plus vive et plus absorbante. La lune, qui se levait large et éclatante au-dessus de la chaîne de Bénard, paraissait suspendue comme une lampe gigantesque à la voûte sombre du ciel. De grands nuages noirs flottaient çà et là, et quelques éclairs d'orage commençaient de luire dans leur masse épaisse.

— Comment, Marcie, tu veilles encore ! dit M. de Villefranche en sortant à demi de la varangue, en face des fenêtres de sa fille; rentre donc, mon enfant. La pluie commence à tomber, et je crains que ce pauvre chevalier ne soit affreusement trempé pendant la route.

— Que dites-vous, mon père? s'écria Marcie, mon cousin est-il donc sorti de l'habitation?

— Mon Dieu, oui; il a voulu bon gré mal gré se rendre au quartier pour hâter d'un jour les préparatifs de ton mariage.

— Mais le temps est affreux ! quelle imprudence ! oh ! je le gronderai bien fort.

— Allons, ne t'effraie pas; il a emmené Job avec lui, et dans une demi-heure il sera à Saint-Paul. Couche-toi, mon enfant.

Marcie se retira de la fenêtre que Rite ferma avec soin, et bientôt on n'entendit plus dans l'habitation de Villefranche que le bruit sourd des larges gouttes de pluie qui frappaient les toits de bardeaux.

Pendant ce temps, M. de Gaucourt et Job galopaient sur la route de Saint-Paul, route tortueuse et grossièrement pavée de galets fendus en deux, bien différente de la belle et large voie qui entoure l'île aujourd'hui. La pluie tombait à torrents, et des bouffées d'un vent chaud et lourd passaient par intervalles avec une sorte de gémissement à travers les bois noirs et les dattiers qui bordaient le chemin. Bientôt la nuit devint tellement épaisse que les chevaux cessèrent instinctivement de galoper.

— Sacredieu ! dit le chevalier, quel abominable temps ! J'ai eu là une sotte idée. Au reste, il ne s'agit pas de se plaindre, mais d'avancer. Dis donc, Job !

— Monsieur ?

— Tu dois connaître un chemin de traverse par ici.

— Oui, Monsieur, il y a celui qui passe devant la case de M. Fleurimont.

— Le vil coquin ! si jamais je le rencontre... Eh bien ! où est-il, ce chemin ?

— Par là, Monsieur, à gauche, mais il est plein de roches ; les chevaux ne voudront pas marcher, il faut aller à pied.

— Que le diable t'emporte ! j'aurai de la boue jusqu'aux genoux.

— Il n'y a que cinq minutes de marche, dit Job en insistant, et pas de boue sur les rochers.

— Allons! je me fie à toi; mais gare tes épaules si tu me trompes.

Cette menace du chevalier ne tirait pas à conséquence, quant à l'esclavage de Job; il en eût dit autant à son laquais blanc. Job, accoutumé aux traitements les plus doux de la part de son maître et de M. de Gaucourt, savait à quoi s'en tenir sur les menaces de ce dernier.

Le chevalier descendit donc de cheval, ainsi que le noir, et tous deux s'engagèrent dans l'étroit sentier qui coupait en ligne droite sur Saint-Paul, en passant à travers l'habitation de Fleurimont. Le noir marchait en avant avec les chevaux en laisse; le chevalier suivait. Ils arrivèrent bientôt en face d'une solide maison de bois élevée d'un étage, comme toutes les maisons créoles. Il régnait une grande obscurité autour de cette demeure qu'on eût dit abandonnée. Job s'arrêta et dit au chevalier :

— C'est la case de M. Fleurimont. Tous les noirs sont partis pour Saint-Paul, mais Job sait bien qu'il est là.

— Comment sais-tu cela? s'écria M. de Gaucourt avec vivacité; si tu le savais, pourquoi ne l'avoir pas dit?

— Ah! Monsieur, parce que....

Mais le chevalier n'entendit pas le reste de la réponse de

Job. Une assez forte commotion dans le dos et une vive sensation de froid le privèrent de toute connaissance, et il tomba la face contre terre.

En ce moment la porte principale de la maison s'ouvrit lentement, et un homme tendit la tête dehors pour reconnaître ceux qui causaient.

N'entendant plus aucun bruit, mais distinguant le groupe que formaient les deux chevaux, cet homme s'avança avec précaution vers ces objets qui le préoccupaient. Il trébucha contre le corps du chevalier, se sentit à son tour frappé profondément à la gorge, et se renversa sans mouvement. Job s'élança à cheval, abandonnant l'autre monture et les deux cadavres, et courut à toute bride vers l'habitation de Villefranche.

Il était onze heures environ; le marquis veillait encore, et compulsait, tout en fumant sa dernière pipe du soir, quelques papiers relatifs au mariage de sa fille. Le galop d'un cheval dans l'avenue de la maison retentit tout à coup à ses oreilles. Il s'approcha vivement d'une fenêtre qu'il ouvrit à la hâte, s'imaginant que M. de Gaucourt avait jugé à propos de remettre au lendemain une course empêchée par le mauvais temps. On frappa à la porte de sa chambre.

— Entre, entre vite, mon pauvre Louis, s'écria-t-il; tu dois être bien arrangé !

Job se précipita au-devant de son maître et se laissa glisser sur le plancher, comme un homme saisi de vertige.

— Tête-bleu! s'écria le marquis avec une surprise pleine d'effroi: qu'y a-t-il donc? Pourquoi es-tu couvert de sang, Job? Job! réponds-moi donc, malheureux! Où est M. de Gaucourt?

— Ah! Monsieur, mon maître... répondit le noir en balbutiant; M. le chevalier...

— Eh bien! le chevalier... que lui est-il arrivé?

— Le blanc du Piton-Rouge l'a tué! continua Job d'une voix lente et sombre.

— Tué! dit M. de Villefranche en reculant; tué par Fleurimont, dis-tu? Tu rêves, Job! où? quand? Pourquoi ne l'as-tu pas défendu? Tête-bleu! me répondras-tu, misérable chien. Comment as-tu laissé assassiner ton maître?

Job se releva et répondit avec un air effrayé et des regards fixes, comme s'il voyait ce qu'il décrivait :

— M. le chevalier a voulu passer par le chemin de Fleurimont.... Il faisait noir... M. le chevalier marchait derrière Job et les chevaux. Voilà que nous arrivons devant la maison... M. le chevalier pousse un cri et dit : — Au secours, Job! — Le blanc du Piton-Rouge était dessus M. le chevalier avec un couteau qu'il lui enfonçait dans le dos. Et puis... voilà que M. Fleurimont s'est coupé la gorge aussi en criant : — Il ne l'aura pas non plus ! — Job n'a pas eu le temps, maître ! Ah ! mon Dieu, mon Dieu !

Le noir se roula sur le plancher en gémissant, tandis que le marquis, pâle, les bras pendants, s'affaissait sur son fauteuil, sans larmes et sans voix. Mais l'énergie de son caractère prit bientôt le dessus :

— Allons ! debout ! dit-il rudement à Job ; va au triple galop à l'Étang-Salé, chez M. de Lanoue, le capitaine de la paroisse. Dis-lui tout en deux mots. Je l'attends.

Job sortit précipitamment. Une heure après, les deux cadavres étaient trouvés étendus devant la maison de Fleurimont. Celui-ci était couché sur le dos, la tête presque séparée du tronc, avec un couteau plein de sang à ses côtés. Plus loin, M. de Gaucourt, étendu sur le ventre, avait une profonde blessure entre les épaules. Les faits donnaient raison au récit de Job. L'assassinat du chevalier s'expliquait par la haine que lui portait Fleurimont, et le suicide de ce dernier par le désir d'échapper à une mort infamante.

Nous ne décrirons pas le morne et profond désespoir de Marcie. Sa vie fut longtemps en danger ; mais la jeunesse et l'amour filial eurent le dessus. Cependant le souvenir de son cousin ne s'effaça jamais de son cœur, et elle ne voulut point rompre le vœu intérieur qu'elle avait fait de vivre et de mourir Marcie de Villefranche. Cette catastrophe fut non moins sensible au marquis. Outre l'affection qu'il portait à son neveu, il souffrait des douleurs de sa fille plus que des siennes propres. Ces violentes émotions ruinèrent sa santé, et, le grand âge aidant, Marcie le perdit une dizaine d'années après la mort de M. de Gaucourt. Elle resta maîtresse d'une grande fortune et seule, dans son habitation, se reposant sur la fidélité dévouée de Job de la direction de ses noirs. Sa vie fut longue et austère. Plainte et respectée de ses voisins, elle vécut jusqu'en 1817, et beaucoup de créoles de Saint-Paul encore vivants l'ont connue dans la dernière partie de sa vie. Pourtant Job, le noir fidèle, mourut avant sa maîtresse d'une attaque de tétanos, résultant d'une piqûre au pied. Quelques minutes avant sa mort, il fit supplier Marcie de venir le voir. Elle se hâta d'accourir et lui adressa de douces et compatissantes paroles; mais le noir, l'interrompant du geste, lui dit d'une voix sourde :

— Maîtresse ! c'est Job qui a tué M. le chevalier et le blanc du Piton-Rouge.

— Tais-toi, mon pauvre noir, tu délires.

— Non, non, maîtresse, c'est Job ! Ils vous aimaient trop tous les deux !

Cela dit, Job mourut avec un sourire de triomphe.

LA RIVIÈRE DES SONGES

I

La baie du Cap de Bonne-Espérance est une des plus belles du monde, après celle de Rio-Janeiro. Les montagnes de la Table et de la Croupe du Lion dominent admirablement cette vaste enceinte, au fond de laquelle se déroule la ville anglo-hollandaise du Cap, avec ses grandes casernes blanches, ses maisons peintes, aux toits couverts d'arbustes et de fleurs, et son église catholique, dont la croix d'or monte dans le ciel bien au-dessus de tout ce qui l'environne, image stérile d'une splendeur éteinte. Vers la fin d'une belle journée d'avril 1837, les avalanches de brume qui se précipitent, à l'approche du soir, du sommet carré de la Table, s'épandaient en nuages pourprés et diaphanes sur les eaux vertes de la baie, et le soleil, en disparaissant derrière les plaines de Constance, teignait de rose les feuilles brillantes des arbres d'argent, au moment où une persienne de bambou peint s'enroulait de bas en haut à une des croisées d'un riche hôtel, situé sur la place du Stock-Exchange. Une jeune fille s'accouda lentement sur le rebord de la fenêtre et jeta au dehors un long regard chargé de lassitude et de tristesse. Cette enfant, de seize ans à peine, avait l'idéale beauté des femmes du Nord, quand elles unissent à la limpidité fluide des yeux, à la transparence de la peau, l'abandon pensif et harmonieux de la démarche et de la pose. Par un heureux et rare caprice de la nature, ses cheveux, d'un blond cendré, faisaient luire, malgré leur abattement, de grands yeux bruns, dont les cils ombraient ses joues pâlies. Celle de ses mains qu'elle avait posée sur la fenêtre était mince et fine, d'une blancheur de neige, et agitée par instants de petits mouvements nerveux. Ainsi accoudée, vêtue de blanc, mollement inclinée et baignée dans l'ombre lumineuse du soir, on eût dit une de ces vierges idéales, si chères aux poètes allemands. En face d'elle, la baie étendait, sous les reflets rouges du soleil, ses longues houles calmes; et, par delà les dernières élévations de la côte, l'immensité de l'océan austral se détachait en une ligne d'un bleu sombre. Mais ce large et splendide horizon n'attirait point ses yeux, qui conservaient cette expression vague et flottante propre à qui regarde en soi et semble oublier le monde extérieur.

Il y a toujours quelque chose de gracieux et de touchant dans la tristesse d'une jeune et belle fille ; ce n'est pas le vide glacé du cœur ou de la tête de l'homme, ni la fièvre inquiète qui le pousse aux folles tentatives, à l'accomplissement avorté des actions ou des œuvres ; — c'est un monde de désirs latents qui consument, mais qui n'affaissent point l'âme. Cet idéal indéterminé, cette aspiration vers un bonheur irréalisé tourmente surtout la jeunesse des femmes ; c'est la vie qui veut éclore et qui n'éclôt pas ; souffrance analogue à celle qu'on éprouverait à voir blanchir à l'horizon les premières lueurs du jour, et à pressentir un soleil qui ne se lèvera jamais. Edith Polwis en était à ce moment critique, où, privée des affections tutélaires qui mènent doucement les jeunes filles jusqu'au seuil de la vie, elle hésitait, pleine de trouble. Fille unique d'un riche négociant du Cap, elle n'avait jamais connu sa mère, et avait grandi seule et sans amitiés. L'étude avait absorbé son enfance ; de sorte qu'à seize ans elle était la plus savante héritière du Cap. Selon la coutume anglaise, généralement suivie en Europe, mais plus particulièrement encore dans l'Inde et au Cap, on donne une instruction virile aux jeunes filles : sciences, lettres et arts y passent ; que la nature féminine se ploie ou non à l'usage, l'usage est le despote anglais et veut être obéi. Edith avait donc tout appris, si ce n'est la manière d'être heureuse, et possédait tout, si ce n'est le bonheur. Chacun sait la liberté d'action accordée aux jeunes Anglaises. Plus que toute autre encore, Edith était son unique maîtresse, M. Polwis ne s'étant réservé que le droit d'obéissance aux moindres caprices de sa fille; mais les gros livres de sciences, les soirées solitaires autour de la table à thé, en compagnie de son père, de M. John Wood, son cousin, et de trois ou quatre banquiers et négociants, n'étaient pas de nature à lui faire de la vie un paradis. D'un autre côté, la femme, si inférieure à l'homme en ce sens, a l'invincible besoin d'un échange d'affections humaines; la terre est vide si l'être vivant en disparaît; elle ne voit le monde extérieur qu'à travers son amour, et la solitude lui pèse comme un néant. Il est sans doute des exceptions à cette règle; mais qu'elles sont rares! Edith était femme par excellence, ce qui expliquera pourquoi elle ne se réfugiait pas dans l'admiration de la forte et belle nature qui l'entourait. L'heure où elle devait la comprendre n'était pas venue. En attendant, elle allait se mourant d'un mal insaisissable. Ses yeux s'alanguissaient, ses joues se revêtaient d'une blancheur mate; une ombre descendait sur elle et l'enveloppait comme d'un linceul. M. Polwis en eût maigri, s'il n'avait pris depuis longues années la nutritive habitude de manger trois livres de roastbeef par jour, ce qui fait que la santé inquiétante de sa fille lui déchirait le cœur, mais ne diminuait en rien la rotondité de son abdomen. Certes, le digne homme s'ingéniait cruellement à distraire sa fille; il n'était aucun excès d'imagination auquel il ne se livrât pour atteindre ce but. Ainsi, après avoir fait dorer sur tranches les livres d'Edith, il les faisait argenter; il encombrait la maison des mille futilités luxueuses, mais fort laides, de l'Inde et de la Chine; il avait voulu attacher au service spécial de sa fille deux nains hottentots, Sylphe et Sylphide, l'un en qualité de coureur, l'autre de femme de chambre, mais Edith ayant déclaré que ces deux monstres la faisaient mourir de peur, ils avaient été expédiés en Angleterre en compagnie d'une cargaison de girofle, le tout à la consignation de la maison Carter et Cie, de Londres. Nous pourrions énumérer encore, si n'était notre crainte d'ennuyer le lecteur, un babouin élevé à servir à table par un gentleman *ad hoc* du Cap, lequel quadrumane avait coûté cent guinées à M. Polwis, et qu'il destinait à verser le thé chaque soir; deux petits lions dont il avait fait présent à Edith le jour de sa naissance et qui étaient morts de consomption à force de sauvagerie rentrée; une gazelle indienne,—son plus charmant cadeau,—victime d'une altercation avec le babouin ci-dessus, etc. Bref, M. Polwis n'avait pas deviné que sa fille mourait de ne pas aimer et d'être aimée par M. John Wood, son cousin. C'était par suite de cette disposition morale qu'elle songeait tristement à sa fenêtre, par un beau soir d'avril.

Il y avait dix minutes à peine qu'elle était accoudée, silencieuse et indifférente, lorsqu'elle distingua involontairement au milieu des mille têtes affairées qui allaient et venaient sur la place, une figure d'un tout autre aspect, qu'elle se mit à suivre et à examiner sans trop y songer. C'était un jeune homme de haute taille, vêtu de noir, parfaitement cravaté et ganté, aux cheveux blonds, aux traits pâles et corrects. Il se promenait la tête haute, le regard indifférent, les bras serrés au corps. A le voir passer et repasser en ligne droite au milieu des gros négociants, des commis fluets, des femmes, des enfants et des noirs, il n'était pas difficile d'augurer que, s'il eût été nécessaire d'étendre la main ou de presser le pas pour s'opposer à ce qu'un seul de ceux qui l'entouraient passât de vie à trépas, il se fût bien gardé de se donner cette peine. Il n'y avait pas à s'y méprendre : c'était un Anglais de bonne race occupé à s'ennuyer. Non pas, il est vrai, à la manière d'un bourgeois quelconque qui semble regretter ou attendre l'heure du travail, mais à la façon magistrale d'un homme qui accepte franchement sa destinée et qui sait vivre et mourir d'ennui sans avoir recours aux hideux bâillements d'un pleutre désœuvré. Edith fut frappée de cette résignation de bon goût, et, tout en ne quittant pas du regard le promeneur silencieux, elle se laissa aller à se raconter l'histoire probable de ce beau et pâle jeune homme. Pendant ce temps nous renseignerons le lecteur touchant l'histoire vraie de ce nouveau venu.

Georges Adams était fils d'un banquier de la Cité. A vingt ans, il n'avait plus de famille, si ce n'était, par-ci par-là, un cousin, un oncle, quelque chose d'éloigné dont il se souciait médiocrement; de sorte qu'étant très riche, parfaitement libre et fort excentrique de sa nature, il s'était enfui au plus vite d'Angleterre. De cette époque au moment où il se promenait sur la place du Stock-Exchange au Cap, il avait couru le monde de long en large, — chassé l'ours en Russie, le loup en Lithuanie, l'élan au Canada, le caïman dans l'Amazone et le lion en Afrique, — escaladé le Mont-Blanc, les Andes, Ténériffe, Tristan d'Acunha, le Piton de Neige et l'Himalaya, — descendu la chute du Rhin avec Alexandre Dumas et tué seize tigres royaux dans le Bengale avec Méry.

Il avait tant fait, tant vu, tant senti, la vie lui était si connue, si lourde, si pâle, si longue, — il avait vingt-six ans, — qu'il revenait de la Nouvelle-Hollande en Europe pour en finir par le fer, le plomb, la corde ou le poison. Ce désir de retourner se tuer en Angleterre n'était pas purement arbitraire dans son esprit; il était juste en effet qu'il lui rendît avec la vie le dépôt d'ennui qu'elle lui avait confié au berceau. Or, l'homme propose et Dieu dispose.

La nuit tomba entièrement avant qu'Edith eût achevé de bâtir son histoire. La place du Stock-Exchange changea de promeneurs et Georges Adams disparut, la jeune fille laissa retomber la persienne et sonna. Plusieurs femmes de chambre entrèrent : l'une éclaira l'appartement, l'autre releva le couvercle d'un magnifique piano à queue et disposa les cahiers de musique de manière à en faciliter le choix ; une troisième approcha du divan, sur lequel Edith s'était à demi couchée, une table chargée de livres et d'albums ; une dernière se tint debout devant elle pour attendre ses ordres. Un geste les congédia, et bientôt l'abdomen rebondi de M. Polwis entra majestueusement dans la chambre. Le digne homme frisait la cinquantaine, d'épais cheveux encore noirs ornaient son chef, et sa face vermeille couronnait admirablement la plénitude de son individu. Il s'avança joyeusement vers sa fille et lui dit d'un ton cérémonieux et familier tout à la fois :

— Ma chère enfant, il nous sera fait ce soir une présentation fort intéressante : M. Georges Adams, qui m'est très particulièrement recommandé par la maison Carter et Cie, de Londres. C'est un gentleman de la plus grande distinction, riche comme un nabab et voyageur excentrique. Il sait, dit-on, treize langues vivantes, quelques autres actuellement mortes et plusieurs idiomes. Cela vous distraira. Voulez-vous descendre au salon?

Cela dit, et sans attendre la réponse de sa fille, M. Polwis se retira du même pas alerte.

II

La Croupe-du-Lion est escarpée et aride du côté de la mer, mais ses versants opposés et les étroites vallées qui en découlent sont couverts d'une riche et vigoureuse végétation. M. Polwis possédait une de ces vallées, sur les deux bords d'une large et limpide rivière, peu profonde, et tapissée presque en entier par les belles plantes aquatiques aux immenses feuilles vernissées et aux éclatantes fleurs blanches qui lui donnaient son nom : la Rivière des Songes. La maison de M. Polwis, bâtie et peinte à l'indienne, était entourée d'un épais bois d'arbres d'argent et de nopals. Çà et là, dans les rares clairières qui s'y rencontraient, des palmiers nains et des papayers enlacés de lianes et de buissons de roses, sortaient du milieu des épaisses et sombres mousses du cap, si molles et si fermes à la fois qu'elles se relèvent d'elles-mêmes, sitôt débarrassées du poids qui les foule. Il était huit heures du matin, le soleil commençait à percer d'une clarté plus ardente l'épaisse feuillée du bois, et les oiseaux se taisaient à demi sur les branches. A une lieue environ au-dessus de la maison de M. Polwis, une petite yole verte, aux formes aiguës et surmontée d'un tendelet de coutil blanc à bordures rouges, descendait le cours paresseux de la rivière, tantôt cachée sous les rameaux éplorés des arbustes riverains, tantôt se frayant un sentier limpide au milieu des Songes et des nénuphars. Edith Polwis était indolemment assise sur des coussins, à l'arrière de la petite embarcation, et Georges Adams, tenant en main une pagaye, dirigeait la promenade à l'abri du rivage. Tous deux gardaient le silence. Les belles joues de la jeune fille étaient animées par l'air pur du matin et plus encore par la plénitude du cœur; un heureux et calme sourire entr'ouvrait ses lèvres, et parfois elle posait sa main sur ses yeux comme pour se concentrer dans un monde de félicités. Georges Adams lui-même avait quitté son air contraint et la raideur de ses manières; ses beaux traits respiraient un contentement profond, et les regards qu'il jetait sur Edith étaient pleins d'une tendresse grave et sereine. Il y avait deux mois que Georges s'était présenté chez M. Polwis. Durant ce temps, Edith et lui s'étaient aimés, mais jusqu'au moment où nous les retrouvons, ils ne se l'étaient point encore dit. Le digne M. Polwis, enchanté d'Adams, laissait aller les choses. Il n'en était pas ainsi de M. John Wood.

M. John Wood était, nous l'avons dit déjà, un cousin éloigné d'Edith. Sa famille habitait Maurice, et l'avait confié, depuis quelques années, à M. Polwis, pour le façonner à la science commerciale. Le jeune Mauricien n'était ni très beau, ni très spirituel, ni très excellent; mais il était bilieux et vindicatif comme il n'est pas permis de l'être, et s'était épris d'une passion sincère pour sa belle parente, qui ne le lui rendait guère, ce dont il se montrait peu flatté. La présentation d'Adams chez M. Polwis, et la préférence d'Edith pour ce nouveau venu l'avaient profondément irrité, et, lors du départ de tous trois pour la campagne, il était forcément resté au Cap, en proie à toute la colère et à toute la jalousie imaginables. Quant à Edith et à Georges, le souvenir de M. John Wood était bien loin de leur pensée. Chacun d'eux songeait avec une secrète appréhension que l'heure était venue de parler, et Georges, qui en était à soupirer sa première élégie, retardait instinctivement un aveu redoutable, — style solennel, mais d'une certaine opportunité dans la circonstance, — car le premier amour est le moins présomptueux de tous; rien n'égale sa modestie, si ce n'est sa timidité, ce qui est d'une niaiserie charmante. Comme au lion de la fable, les ciseaux du premier amour avaient rogné les griffes d'Adams. Il le savait et ne s'en plaignait pas; — elles repoussent si vite! — mais son courage était parti avec elles.

— Vous avez beaucoup voyagé, monsieur Adams, dit Edith; mais avez-vous rencontré dans vos courses lointaines quelque chose d'aussi beau que notre vallée? Je ne sais vraiment d'où venait mon aveuglement. Croiriez-vous que depuis plusieurs années que mon père possède cette habitation, j'ai à peine quitté le Cap? J'aime aujourd'hui cette vallée comme si j'y étais née.

O naïveté! premiers secrets échappés d'un cœur innocent! aveux involontaires! que vous êtes doux à l'oreille de celui qui aime!

Georges rougit comme un enfant et répondit avec un embarras dont il eût ri deux mois auparavant :

— Il faut que j'aie bien peu de mémoire, miss Polwis, car j'ai perdu tout souvenir de mes folles excursions. Six belles années de ma jeunesse se sont écoulées comme un mauvais rêve, et voici que je m'éveille. Rien n'est beau comme cette vallée, et vous avez toute raison de l'aimer. Je voudrais y vivre et y mourir, et j'emporterai en Angleterre le regret douloureux d'avoir entrevu le bonheur sans l'atteindre.

— De si graves intérêts sont-ils donc attachés à votre départ? demanda Edith en baissant la tête par une sorte de pressentiment qu'une heure décisive allait sonner pour elle.

— Le plus grave intérêt de la vie, miss Polwis.

Par suite de cette conviction des femmes que l'amour est

la chose sérieuse par excellence, conviction qui est aussi le plus souvent la nôtre, Edith se sentit pâlir et crut que Georges retournait se marier en Angleterre.

— Puissiez-vous être heureux, monsieur Adams, vous êtes un ami récent de mon père, mais il vous est plus attaché qu'à bien d'autres plus anciens.

— Et vous, miss Polwis, ne daignerez-vous pas vous souvenir de l'étranger pour qui vous avez eu tant d'aimables bontés?

— Je n'oublierai pas l'ami de mon père; et si les vœux sincères d'Edith Polwis peuvent contribuer à votre plus heureuse destinée, je vous les offre, Georges.

— Edith, Edith! s'écria Georges en s'agenouillant devant elle, me laisserez-vous partir? Ne voyez-vous pas que je vous aime, et que si je pars je laisserai ma vie à vos pieds!

La jeune fille se leva toute tremblante et pâle comme une morte. Elle porta la main à son cœur comme pour en comprimer les battements, et retomba sans force sur les coussins de la yole; mais cette commotion dura peu; la noble fille leva sur Georges un regard plein de confiance et d'amour, lui tendit la main, et lui répondit avec cette franchise généreuse, si adorable chez la femme qui la possède :

— Je vous aime aussi, Georges. Je vous le dis sans honte, et j'en suis heureuse et fière.

Georges s'inclina sur la belle main qui lui était offerte et y laissa tomber la première larme qui fût encore sortie de ses yeux.

Ici nous supplions le lecteur de nous pardonner les quelques lignes suivantes; elles sont lyriques, mais elles brûlent de s'échapper du bec de notre plume.

— O première larme de l'amour, comme une perle limpide Dieu te dépose au matin sur la jeunesse en fleur ! Heureux qui te garde des ardentes clartés de la vie et te recueille pieusement au plus profond de son cœur ! Les jours heureux passeront pour ne plus revenir; la femme aimée oubliera le nom de l'amant; le monde emportera dans ses flots au tumulte stérile les débris du premier paradis; la vieillesse glacera le sang des veines et courbera le front vers la tombe... Mais si tu baignes encore le cœur qui a aimé, ô chère larme ! si ta fraîcheur printanière a préservé la fleur divine de l'idéal des atteintes du soleil; si rien n'a terni ta chaste transparence... O première larme de l'amour, la mort peut venir... tu nous auras baptisés pour la vie éternelle !...

La yole aborda en face de la maison, et M. Polwis, suivi du cousin John Wood, vint à la rencontre de Georges et d'Edith.

Le cousin John n'était pas gai, tant s'en fallait; ses yeux noirs lançaient des éclairs menaçants qui présageaient la tempête. La face sereine de M. Polwis respirait en revanche le parfait contentement d'un homme qui gagne beaucoup d'argent. Il donna une cordiale poignée de main à Georges, et cédant bientôt au désir de sa fille, s'éloigna avec elle du côté de la maison. Les deux jeunes gens restèrent en présence, — l'un tout entier à l'émotion profonde du premier bonheur, — l'autre sombre et irrité ; — celui-là tout plein d'une bienveillance nouvelle pour l'univers, — celui-ci défiant et tout jaune de bile.

— Monsieur Adams veut-il me faire l'honneur de m'accorder dix minutes d'entretien à quelques pas d'ici? demanda John Wood.

— Volontiers, monsieur Wood, répondit Georges.

III

Quand les deux jeunes gens eurent fait une centaine de pas en silence dans l'épaisseur du bois, M. John Wood s'arrêta, et, s'adossant contre un palmier, parla ainsi d'un ton funèbre :

— Les jours heureux sont de courte durée, monsieur Adams : le ciel est pur et brillant au matin, mais nul ne sait si l'orage n'assombrira pas le midi.

Georges regarda l'orateur avec attention et se mit à sourire.

— Je ne sais donc trop, continua imperturbablement

M. John Wood, ce que nous garde l'avenir, à tous deux ; mais, à en juger par la facilité avec laquelle vous réussissez dans vos entreprises, j'ai lieu de craindre pour vous quelque brusque retour de l'adversité.

— Mon cher monsieur John, dit Georges, voici qui est bien solennel quoiqu'un peu suranné.

— Ne raillez pas, monsieur Adams ; l'heure serait mal choisie.

— Je ne suppose pas cependant, reprit Adams qui commençait à se réjouir beaucoup de la mine funéraire du jeune homme, que vous n'ayez désiré cet entretien que pour me faire un cours de philosophie pratique.

— Je vous demande pardon ; quelque chose d'approchant.

— Et comment nomme-t-on cela?

— Une leçon de savoir-vivre, monsieur Adams.

— Est-ce toujours dans le sens philosophique? demanda Georges avec un grand calme.

— C'est à vous d'en décider.

— D'où il suit, monsieur Wood, que vous jugez à propos que nous nous coupions la gorge? Oserais-je vous prier de m'en donner les raisons?

— En trois mots : Je vous hais.

— Voilà qui est bientôt dit ; mais, excusez ma curiosité, pourquoi me haïssez-vous?

— Écoutez, Monsieur, dit John en étendant la main d'un air formidable; vous vous êtes introduit dans la maison de M. Polwis, mon oncle, et vous m'avez aliéné son amitié.

— Vous vous abusez d'une lourde façon, monsieur Wood; je ne me souviens pas de lui avoir jamais adressé une parole qui vous concernât en quoi que ce soit.

— En second lieu, vous avez surpris les affections d'Edith Polwis, ma parente.

— Monsieur Wood, dit Georges avec fermeté, pas un mot de plus. Je n'autorise personne à scruter mes sentiments; et quant à miss Polwis, elle a droit à trop de respect pour que son nom soit profané dans une sotte querelle.

— Soit, reprit John en pâlissant de colère; je ne savais pas monsieur Adams si prompt à parler et si lent à agir. Bref, Monsieur, je vous hais, je vous ai outragé, et je suis prêt à vous faire raison.

— Moi, monsieur Wood, je n'ai pour vous ni amitié ni haine. Votre vie m'est aussi indifférente que votre mort; et j'accepterais volontiers votre offre honorable si je ne songeais que ce serait mal reconnaître l'aimable hospitalité de M. Polwis que d'ensanglanter sa maison.

— Peu importe que vous vous compromettiez ou non. Si votre réputation de courage n'est pas usurpée, dans un quart d'heure cette affaire sera terminée.

— Elle le sera dès à présent, monsieur Wood. De graves motifs s'opposent à ce duel, et je me dispenserai de vous les expliquer. Monsieur, j'ai l'honneur de vous saluer.

— Vous ne partirez pas ainsi ! s'écria John en saisissant Adams par le bras ; vous ne partirez pas, ou je publierai votre lâcheté aux quatre coins du monde !

— Vous perdez toute mesure, monsieur, dit Georges avec calme. Veuillez laisser mon bras, je vous prie.

Comme M. Wood, en proie à une colère aveugle, ne se hâtait pas d'obtempérer à ce désir raisonnable, Georges secoua la main qui l'arrêtait et continua sa retraite. Mais John l'ayant rejoint et violemment saisi au collet de l'habit, Adams lui porta entre les deux yeux un coup de poing irrésistible qui le renversa sans mouvement sur la mousse.

Certes, nous ne voulons point médire de certaines façons d'agir par trop britanniques, mais nous ne signalons qu'avec peine cette brutalité de Georges Adams, notre héros. *Quantum mutatus ab illo !* Combien il se présente aux lecteurs, et surtout aux lectrices, différent de celui qui pleurait naguère d'amour aux pieds d'Edith Polwis ! Hélas ! que veut-on ? Ce geste, qui effraie notre délicatesse, n'a plus la même portée en Angleterre ; il brise bien les os et tue parfois son homme, mais il se peut qu'il y entre de la grâce et du savoir-vivre.

Il est vrai de dire que Georges se repentit de s'être laissé emporter par la colère, et il allait revenir sur ses pas du côté où gisait M. John Wood, quand il s'entendit appeler par M. Polwis. Se doutant bien qu'Edith avait tout dit à son père et que son sort allait être décidé, il se hâta d'accourir au-devant du négociant. Celui-ci paraissait fort ému; son visage vermeil avait pâli; une agitation insolite se lisait sur ses traits d'ordinaire si calmes et si sereins. A cette vue, Georges sentit le froid de la peur se glisser dans ses veines. A coup sûr, pensa-t-il, M. Polwis est furieux, et je suis perdu. Il abordait donc son hôte avec de mortelles appréhensions, lorsque ce dernier rompant en visière à toutes ses manières d'être et d'agir normales, lui jeta les bras autour du cou et se mit à pleurer sur son épaule.

— Edith... m'a tout dit, murmurait-il au milieu de ses larmes; c'est une noble fille... vous êtes un honnête jeune homme... Adams ! Embrassez-moi, mon jeune ami.

Georges trouva dans sa joie la force de soutenir M. Polwis et son attendrissement, et le remercia avec chaleur; mais le digne homme l'interrompit soudainement en lui disant, moitié riant, moitié pleurant :

— C'est bon, c'est bon, Adams... Allons déjeuner, mon ami.

Ce à quoi Georges donna sur-le-champ son adhésion,

attendu que l'amour effaçait complètement de son esprit le souvenir de M. John Wood.

Qu'ils étaient heureux et beaux de leur bonheur, ces deux jeunes amants venus l'un vers l'autre des deux bouts du monde ! Que la vie leur semblait riche et sublime ! Que la brise chantait de joyeuses mélodies dans les larges feuilles dont l'ombre les abritait ! Que ces fruits éclatants d'Afrique étaient parfumés ! Que cet agreste déjeuner de fiançailles était bon ! Que M. Polwis avait d'appétit ! — Nous aimons les gens heureux, ils donnent seuls une raison d'être à l'humanité. La laideur et les grincements de dents ne nous ont jamais autant appris touchant la destinée de l'homme sur la terre que la jubilation d'un marmot de deux ans qui mange des confitures. Nous oserons même proclamer qu'il n'est rien tel au monde que d'être païen, couronné d'hyacinthes et sacrifiant à Iacchos, le dieu vermeil; à moins d'être ascète et de mourir au désert, dévoré par la flamme de l'idéal... Car étant intégral, nous enveloppons ce qui fut, ce qui est et ce qui sera dans la synthèse ultérieure. Or, Edith et Georges se regardaient et souriaient doucement dans la plénitude de leur cœur et dans la certitude de leur prochain bonheur.

A cet endroit de notre histoire, il nous vient une hésitation cruelle. Le récit présent est véridique; nous l'avons recueilli sur les lieux, au moment même où les événements qu'il contient impressionnaient le plus vivement tous les esprits. Mais, sans altérer entièrement la vérité, devons-nous la modifier pour le plus grand intérêt de nos lecteurs? Voilà la question. D'une part, notre péripétie est fort dramatique, mais, qui plus est, mélodramatique, expression qui n'entraîne avec elle aucune idée musicale. A vrai dire, c'est un horrible massacre; mais qui sait jusqu'à quel point peut se porter la rage d'un cousin jaloux? Personne ne pourra jamais le dire. En voici néanmoins un léger aperçu :

L'appétit joyeux de M. Polwis tirait péniblement à sa fin, et les deux amants s'adressaient déjà quelques-unes de ces bienheureuses paroles de familiarité première qui font de la terre un ciel, quand la face pâle de John Wood parut tout à coup à l'entrée du bois. Nul ne le vit. Il se dirigea avec précaution vers le pavillon qu'il habitait et en sortit bientôt. Arrivé à quelques pas de la table autour de laquelle déjeunaient nos trois amis, il leva un pistolet et dit :

— Georges Adams, vous êtes un lâche et vous mourrez comme un chien !

Le coup partit et Adams tomba en arrière sans pousser un soupir. La balle lui avait passé au travers du cœur. Avant que le bruit se fût éteint, une seconde explosion eut lieu. John Wood s'était brûlé la cervelle. Edith tomba inanimée, aux côtés de son amant, tandis que M. Polwis restait l'œil hagard, les mains étendues et le corps pétrifié. Nous n'essaierons pas de le nier : voici un affreux dénouement; mais du moins on nous rendra la justice de dire que nous l'avons rapidement esquissé et rien de plus.

Edith, — si elle n'est déjà morte, — mourra comme Ophélie. Elle se promène trop souvent sur la Rivière des Songes, dans la yole où Georges lui a dit qu'il l'aimait. La rivière est peu profonde, mais il y a place sous les Songes verts pour une frêle jeune fille dont l'esprit est parti pour la sphère où s'est envolée l'âme de Georges. Dans les éclaircies d'herbes et de fleurs que sillonne la yole, on voit trop souvent le ciel, et le ciel est plus beau que la terre, et il est d'usage que les amants malheureux s'y rendent par la route la plus courte qui est celle de l'eau, quand cette dernière est transparente et que le ciel est pur. Edith mourra comme Ophélie. C'est une fin charmante. Meurs donc comme ta pâle sœur du Nord, ô blanche enfant du Midi. Il est beau de quitter la terre, jeunes, innocentes et belles comme vous.

LA PRINCESSE YASO'DA

> La destinée des hommes et des femmes est dure.
> Qu'elle est dure, la destinée des hommes et des femmes !
> Cela est-il à jamais?
> Il y a des sages qui disent : Non !
>
> JAYADEVA.

CET épisode est emprunté à Jayadeva, le lyrique. Il symbolise, sous la forme flottante des poésies sanscrites, la défaite momentanée du Bien par le Mal, et son triomphe à venir.

Le saint roi Satyavrata, fils du magnifique Sourya aux sept chevaux verts, régnait, vers la fin de la dernière kalpa, sur les montagnes et les plaines du Lasti-D'jumbo, le plus vaste des empires que soutint la carapace éternelle.

C'était un vieux roi d'une vertu lumineuse. Sa sagesse était profonde. Il remplissait avec une telle exactitude les devoirs sacrés de la loi, que Hery, le conservateur de l'univers, l'avait revêtu du titre de sra'dheva, le dieu des obsèques.

Rien n'était doux et rassurant pour le cœur des sages comme le regard bienveillant qui s'écoulait de ses grands yeux ; mais la race perverse contemplait en frémissant la ligne droite de son nez auguste, signe infaillible de l'inflexibilité de sa justice.

Or, le saint roi de Satyavrata se rendit un soir, vers la quatre-vingt-dixième année de sa vie, sur les bords de la rivière Critamala, pour y faire ses ablutions accoutumées.

Après s'être frotté les dents avec une branche de figuier, il dit : — Soma, seigneur des bois, roi des herbes, accorde-moi de longs jours, la force et la gloire, de grandes richesses, une postérité nombreuse, la vertu et l'intelligence.

Cela dit, il jeta la branche de figuier et se plongea dans la rivière en récitant la gayatri : — Eau divine, donne-moi le bonheur et la vue éclatante du Dieu suprême. — Eau sainte, fais-moi partager ton essence. — Eau éternelle, tu contiens la félicité sans bornes.

Puis, le pieux roi but une gorgée d'eau sans l'avaler, priant tout bas : — Roi du sacrifice, ton cœur est au milieu du large océan ; puissent les eaux salutaires le pénétrer !

Alors, il toucha avec des mains humides ses pieds, sa tête, sa poitrine, ses yeux, ses oreilles, ses épaules et son nez. Ainsi le veut la loi. Il éternua, versa des larmes, et secoua huit fois ses mains pleines d'eau vers les huit points du monde.

En ce moment, une voix grêle sortit de la rivière Critamala et lui dit : — O roi Satyavrata, fils de Sourya aux sept chevaux verts, qui protèges les opprimés, retire-moi de cette rivière où les monstres voraces me dévoreraient.

Le roi, saisi de compassion, répondit : — Par la sainteté des Védas, je le veux.

— Baisse-toi, dit la voix, et remplis d'eau le creux de ta main.

Ainsi fit Satyavrata, qui aperçut un petit poisson dans l'eau qu'il avait recueillie. Il le déposa dans une coupe pleine et l'emporta dans son palais. Mais, dans la nuit, le petit poisson avait grossi de telle sorte que la coupe ne pouvait plus le contenir. Satyavrata le renferma successivement dans une citerne, dans un étang, dans un lac de cent lieues d'étendue, et enfin dans l'immensité de l'océan.

A peine cela fut-il arrivé qu'un bruit terrible éclata sur les eaux, et que le démon Hyayagriva, déployant ses dix ailes noires et rouges, s'éleva en spirale dans le ciel, insultant de rires moqueurs le saint roi qui l'avait délivré.

Le démon Hyayagriva avait autrefois profité du sommeil

de Brahma pour dérober les védas qui coulaient de ses lèvres, et Brahma, s'étant réveillé à temps, l'avait condamné à subir les épreuves que la bonté d'âme du pieux roi avaient abrégées.

Mal en prit au roi Satyavrata d'avoir délivré Hyayagriva !

Qu'elles sont belles et rafraîchissantes au matin les vallées du Lasti-D'jumbo !

Que les lueurs rapides du jour qui naît illuminent splendidement les nuées bleuâtres qui dorment au sommet des montagnes Jougando, Mienmo et Zetchiavala, dont la terre est entourée !

Les génies Nats volent et se jouent sur les cimes neigeuses du Jougando. — Le Mienmo est la demeure des génies Tavatezinas. — Le Zetchiavala recèle dans ses gorges noires les génies Tamas. — Que l'arome des vallées est doux !

Il monte comme un nuage d'encens jusqu'aux pointes des montagnes. — Que les montagnes sont grandes !

Elles baignent leurs pieds larges dans les eaux profondes de la rivière Critamala. — Que la rivière Critamala est limpide ! — Les lataniers aux verts parasols croissent sur ses bords.

La fille bien-aimée du saint roi Satyavrata, Yaso'da, la rose du Lasti-D'jumbo, la perle du monde, se plaisait à jouer, matin et soir, dans les vallées natales, avec ses jeunes compagnes. Yaso'da était vierge.

Elle avait le nez délicat, mais pointu comme la flèche du désir. — Ses dents étaient noircies par le bétel. — Ses ongles étaient teints de henné rose. — Ses cheveux étaient noirs et longs. Qu'ils étaient noirs et longs les cheveux de la princesse Yaso'da! — Ses petites lèvres bienveillantes avaient un sourire pareil aux premières clartés du ciel. — Ses pieds étaient nus comme son cœur, mais ils étaient blancs comme la neige du Jougando. — Son genou était une boule d'ivoire. — Son sein soupirait aussi doucement que la colombe dans les rameaux du Jougando. — Qu'il soupirait doucement le sein de la princesse Yaso'da!

Elle était la rose du Lasti-D'jumbo, la perle du monde.

Or, le jeune Tamaya, neveu du roi Satyavrata, aimait la fille du frère de son père, et elle l'aimait aussi; mais il était rebelle à l'autorité du souverain du Lasti-D'jumbo; car l'orgueil brûlait son cœur.

Le jeune guerrier était comme un tigre rayé du Zetchiavala. Nul n'égalait sa force et son agilité. C'est pourquoi il blâmait sans cesse son oncle pieux et pacifique, qui l'avait banni de sa présence. Tamaya était parti, mais la vierge royale avait gardé son cœur. Un soir, elle se promenait pensive avec ses compagnes. Le soleil rougissait l'écume des grandes eaux et baignait de pourpre la neige des montagnes. Il y avait une année que Tamaya s'était éloigné du Lasti-D'jumbo. Au souvenir du jeune guerrier, des larmes argentaient les cils de Yaso'da; ses compagnes les essuyaient de leurs lèvres, mais elle pleurait toujours.

Bientôt elle dit : Tamaya ! Tamaya !

Mais il ne répondait pas, étant loin. — Une compagne de Yaso'da voulant flatter sa douleur, parla ainsi : — Tamaya était comme un tigre rayé; sa force étant grande. Quand sa lance de bambou tremblait dans sa main, les hommes étaient pâles !

Une autre compagne de Yaso'da dit : — Tamaya était beau comme le soleil; mais la flamme de ses yeux brûlait doucement le cœur des vierges. Quand il les regardait, elles rougissaient comme la neige au lever du jour.

Une troisième reprit : — Tamaya était léger et ses jarrets ne se lassaient point. Quand il poursuivait la gazelle et l'antilope dans les bois, son pied pressait leurs pieds et son souffle échauffait leurs croupes Alors la princesse Yaso'da s'écria en pleurant : — Tamaya, Tamaya !

Si bien que le démon Hyayagriva l'entendit de la cime blanche du Jougando. Il regarda au fond de la vallée et vit Yaso'da et ses compagnes qui pleuraient. Or, le naturel du démon était méchant; c'est pourquoi il lui vint en tête de causer une grande douleur au saint roi, en lui enlevant sa fille bien-aimée. Mais il fallait qu'elle le suivît de bonne volonté, car il lui était impossible de l'entraîner contre son gré.

— Il déploya donc ses dix ailes au vent, et descendit dans la vallée en formant de grands cercles dans l'air.

Pendant que Yaso'da courait un tel danger, que faisaient le pieux roi et le jeune guerrier? Le pieux roi se frottait les dents avec une branche de figuier, et le jeune guerrier chassait le tigre dans les gorges du Zetchiavala.

Le démon Nat, le grand Hyayagriva descendait toujours en spirale, réfléchissant aux moyens de ne pas effrayer la rose du Lasti-D'jumbo, car les génies Nats ne peuvent changer de forme, et ils sont très effrayants au premier aspect. — Quand il se trouva à une centaine de pieds de la vallée, Hyayagriva fut obligé de remonter en l'air, car il n'avait pas encore trouvé le moyen qu'il cherchait.

La princesse Yaso'da et ses compagnes entendirent en ce moment le bruit que faisaient au-dessus de leurs têtes les dix ailes du démon, et, levant les yeux, elles le virent. Leur épouvante fut grande, car il était fort laid.

Son corps, sa tête et ses membres avaient des proportions énormes. — Son corps était comme une pagode, — sa tête était comme un dôme rouge, — ses membres étaient comme des troncs noueux.

Les vierges poussèrent un même cri et voulurent s'enfuir;

mais le démon, pressé par la nécessité, leur dit en adoucissant sa voix : — Tamaya, le jeune guerrier, m'envoie vers la perle du monde.

Yaso'da suspendit sa course et dit : — O génie, est-il vrai?

— Telle est la vérité. Le jeune tigre veut que la belle vierge du Lasti-D'jumbo vienne le consoler, ou il mourra de douleur; car le pieux roi lui défend de revenir.

— Où est-il?

— Il se lamente dans ma demeure, à la cime du Jougando. Je suis le serviteur de Tamaya. Si la perle du monde aime le jeune guerrier, elle se confiera à moi, et dans une heure je la rapporterai au palais du saint roi.

— Je le veux, dit la vierge royale.

L'amour est plein de courage. — L'amour est comme la flèche repoussée par la corde tendue. — Il vole et se brise, mais il ne s'arrête pas de lui-même. — L'amour n'a qu'un regard, il ne voit qu'une chose. — Cette chose qu'il voit emplit le monde.

Alors, malgré les lamentations de ses compagnes, Yaso'da s'assit sur une des ailes du démon Hyayagriva, lequel tourbillonna dans la brume du soir et disparut.

Ce fut ainsi que le démon se vengea du pieux roi qui l'avait délivré.

Or, le pieux roi, au moment où sa fille bien-aimée était

enlevée, récitait les Gayatri et se mouillait le nez et les oreilles en l'honneur de Hery, le conservateur de l'univers.

La piété confond la pensée et le cœur dans l'abîme de ce qui est, un et par soi-même. — La piété plonge les justes dans l'essence une et première. — Leurs yeux se ferment alors pour les manifestations visibles et passagères. — Leurs oreilles n'entendent plus rien des bruits sensuels. — Que verraient en effet les justes? — Qu'entendraient-ils? — L'abîme de ce qui est, un et par soi-même, est noir, inouï.

Telle est la doctrine des justes : elle est consolante.

Cependant la princesse Yaso'da, assise sur l'aile du démon Hyayagriva, montait dans les ombres croissantes de la nuit. Déjà les dernières ondulations de la montagne étaient franchies, et le démon s'élançait d'un vol direct vers les sommets glacés où il vivait d'habitude.

La vierge royale lui dit alors :

— O génie, la neige tombe sur le Jougando; il fait bien froid.

— Ah, ah, ah ! fit le démon en riant, ceux qui aiment ont-ils jamais froid?

— Pourquoi ris-tu de mon mal, ami de Tamaya?

— Tu vas le savoir, fille du saint roi.

Ce disant, ils atteignirent les rochers où pleuvent les neiges éternelles. Là le démon s'était bâti une caverne de glace. Il déposa la belle Yaso'da dans la caverne, et soufflant autour d'elle une haleine tiède pour l'empêcher de mourir, il lui dit :

— Yaso'da, fille de Satyavrata, perle du monde, tu ne reverras jamais ni ton père ni ton amant.

A ces mots la vierge poussa un grand cri et s'évanouit. — Le démon la rendit à la vie et reprit :

— Tu seras la femme du démon Hyayagriva qui règne sur les neiges du Jougando.

A ces paroles, la vierge poussa un second cri et s'évanouit de nouveau; mais le démon la ranima encore, et, l'enfermant dans la caverne, il s'envola dans l'air noir à travers les flots de la neige qui tombait de toutes parts dans la solitude.

La destinée des hommes et des femmes est dure. — Qu'elle est dure, la destinée des hommes et des femmes ! — En sera-t-il toujours ainsi ? — Il y a des sages qui disent non. — Mais qui peut lire dans le cœur de Brahma ? — Ce sont ceux qui se confondent avec l'essence de ce qui est.

Donc, pendant ce temps, Tamaya, le jeune guerrier, chassait le tigre dans les gorges du Zetchiavala. Il était triste et se reprochait son orgueil et sa rébellion envers le saint roi ; car, pensait-il, peut-être ne reverrai-je plus la rose du Lasti-D'jumbo.

A cette pensée, un grand désespoir lui brisa le cœur. Il prit la résolution de retourner auprès de Satyavrata et d'implorer son pardon. Il brisa ses flèches, sa lance de bambou et son sabre, afin de toucher le cœur du saint roi par son aspect pacifique. Ainsi privé de ses armes, il descendit les gorges de la montagne où erraient les tigres rayés, tueurs d'éléphants.

Le cœur des braves est comme le diamant, dur et splendide. Le cœur des braves est inébranlable, comme la carapace qui soutient le monde. Le jeune guerrier avait un cœur de brave.

Or, le soleil s'était plongé trois fois dans les grandes eaux depuis qu'il marchait sans armes dans la montagne, quand il arriva sur le bord d'un abîme profond. Ce gouffre s'étendait aussi loin que le regard pouvait porter.

Tamaya chercha un sentier, mais vainement. Comme il hésitait et songeait à retourner en arrière, une voix suppliante cria du fond de l'abîme : Tamaya, Tamaya !

Le jeune guerrier se pencha en avant et vit un beau génie ami des hommes, lié par des lianes noueuses à un énorme rocher. Alors il demanda : O génie, ami des hommes, pourquoi es-tu ainsi lié ? que me veux-tu ?

Le génie Jama lui répondit : Les cruels Nats, qui habitent les neiges du Jougando, m'ont lié, grâce au sommeil qui m'a surpris. Si j'eusse été éveillé, cela ne serait point arrivé; car ma force eût été bien supérieure à la leur. Mais il est dit qu'un génie Jama, lié pendant son sommeil par les génies Nats, ne pourra briser ses liens, ni punir ses ennemis, qu'à l'aide d'un homme brave et généreux. Cela est juste. Le sommeil est une faute. Pendant le sommeil, nous ne pouvons veiller sur la race humaine que nous aimons.

Tamaya, saisi de compassion, chercha de nouveau un sentier pour aller au fond de l'abîme où le génie était lié; mais les parois en étaient verticales, et pas une seule liane n'y serpentait.

Voyant cela, et entendant le Jama se lamenter, il s'élança courageusement dans le gouffre. — Mais aussitôt, et comme il roulait encore dans le vide, le génie Jama, rejetant ses liens factices, vola au-devant de lui et l'emporta sur l'autre bord, où il le déposa sur la mousse. Alors il lui dit : —Ceux qui prétendent que ton cœur est dur comme le diamant ne mentent pas : mais il est généreux et tendre comme celui d'une vierge. Mon nom est Atouli-Jama. — J'aime les braves et les bons. — Va! retourne auprès du saint roi. Si bientôt tu as besoin de mon aide, crie trois fois mon nom. Adieu.

Le jeune guerrier, poursuivant sa route, entra, au bout de

trois jours de marche, dans le palais de Satyavrata. — Ce palais retentissait de lamentations.

A peine le pieux roi eut-il aperçu Tamaya, que son œil jeta des flammes et qu'il s'écria, en étendant vers le jeune homme le pouce ouvert de sa main droite fermée : — Enfant des dix péchés maudits, les noirs Douzzaraick ! Fils de Diti, foudroyé par Siva ! que n'es-tu venu au monde dans le temps où le cruel Cansa proscrivit tous les mâles nouveau-nés ! Puisse le magnifique Sourya aux sept chevaux verts ne plus resplendir bientôt pour toi ! Puisse la farouche Devi t'effacer du nombre des vivants ! — Quelle est ton audace, ô ravisseur de ma félicité ! d'insulter à ma douleur paternelle ? Dans quels lieux as-tu caché la perle du monde, ma chère Yaso'da ?

Ainsi parlait le saint Satyavrata dans sa colère douloureuse.

Tamaya resta muet, ne sachant point l'enlèvement de sa bien-aimée Yaso'da.

Il lui fut expliqué qu'un génie Nat du Jougando, se disant son ami, avait emporté la rose du Lasti-D'jumbo.

La fureur du jeune tigre fut grande. — Qu'elle fut grande, sa fureur !

Il poussa un cri de rage qui entra dans le cœur de ceux qui l'entendaient comme le fer d'une lance guerrière. — Le poil de sa face se hérissa. Ses yeux devinrent rouges comme des charbons ardents. — Qu'ils devinrent rouges, ses yeux !

Il fit un bond en arrière. — Sa lèvre saignante se retroussa et ses dents blanches brillèrent. — Puis il poussa un second cri et se précipita au dehors, vers la montagne Jougando couronnée de neiges.

Tout un jour il courut ainsi. — Vers le soir, haletant, épuisé, il se laissa choir sur la mousse et cria trois fois : — Atouli-Jama !

Le beau génie, ami des hommes, apparut aussitôt dans le ciel et descendit auprès du jeune guerrier.

— Atouli-Jama, dit ce dernier, un démon Nat, — qu'il soit maudit ! — a enlevé la perle du monde, Yaso'da : quel est son nom ? où est située sa caverne ?

— C'est le démon Hyayagriva, qui vole là-bas sur les neiges éternelles. Il retient la belle Yaso'da dans sa caverne de glace.

— Enlève-moi sur tes ailes, beau génie ! Porte-moi au repaire du démon ravisseur, que je le punisse, et délivre la rose du Lasti-D'jumbo.

— Qu'as-tu dit, insensé ! Tu ne peux combattre un génie. Écoute plutôt : les Nats sont maudits ; les Jamas sont chers à Brahma. — Tu es brave et généreux ; je t'aime. — Je combattrai le démon Nat. — Si je triomphe, tu recouvreras la vierge royale et nous serons heureux. — Si je suis vaincu, vous périrez tous deux. — Telle est la loi.

Le jeune guerrier dit alors : — Je le veux !

Le Jama le prit sur ses ailes, et tous deux disparurent dans les nues.

Or, la belle Yaso'da gémissait dans la caverne de glace du démon Hyayagriva.

Cette caverne était transparente au dedans mais opaque au dehors, de sorte que la vierge royale voyait, le matin et le soir, le grand corps de Brahma aux mille formes, aux mille couleurs, les montagnes, les vallées et le large océan, resplendir autour d'elle.

Mais elle était prisonnière dans la caverne et les routes de la vie s'étaient refermées devant ses pas.

La belle Yaso'da était comme la perruche blanche prise dans un réseau. Ses larmes ruisselaient sur ses belles joues. Elles inondaient son jeune sein. Ses gémissements s'exhalaient et mouraient étouffés par les parois glacées de la caverne.

La rose du Lasti-D'jumbo se fanait, dérobée aux regards de Sourya aux sept chevaux verts, son aïeul. — La perle du monde gisait enfouie dans la neige du Jougando. — La fiancée de Tamaya, le jeune guerrier, était la proie du démon Nat aux dix ailes rouges et noires.

Les vierges sont faibles et gracieuses comme la liane rose des montagnes. — Les vierges sont timides comme la gazelle aux yeux bleus des bois. —Mais le cœur des vierges est fidèle. — Le démon Hyayagriva voulait que la rose du Lasti-D'jumbo devînt sa femme; mais Yaso'da gardait le souvenir du jeune guerrier. — Le Nat était plein de colère.

Voici qu'au matin du sixième jour, dans le temps que Hyayagriva et Yaso'da étaient renfermés dans la caverne, un grand bruit retentit au loin, et la demeure glacée du démon Nat fut emportée par un souffle impétueux.

Alors il vit dans l'air le beau génie Atouli-Jama, ami des hommes, qui portait Tamaya, le jeune guerrier, sur une de ses ailes. — Le Nat poussa un rugissement sauvage qui s'engouffra dans les gorges du Zetchiavala; mais le Jama lui dit :

— Hyayagriva, Nat maudit aux dix ailes rouges et noires, qui habites les neiges éternelles, démon ingrat, en horreur aux esprits justes, écoute : —Tu as enlevé Yaso'da, la fille du pieux roi Satyavrata, qui t'a délivré des eaux. — Rends la rose du Lasti-D'jumbo à son père et à son fiancé. — Sinon je briserai tes ailes et je t'enfermerai à mille pieds sous la neige pour une kalpa, mille années.

Le démon Nat répondit : — Atouli-Jama, vil esclave, je ne rendrai pas la perle du monde. Sois maudit !

— Prépare-toi donc au combat, démon, car l'heure du châtiment est venue. La belle Yaso'da sera le prix du vainqueur. Déposons-la sur le sommet de la montagne avec son fiancé. Qu'ils contemplent tous deux la lutte des génies.

— Je le veux, dit Hyayagriva.

La vierge royale et le jeune guerrier furent placés côte à côte sur la cime neigeuse, et tandis qu'ils s'embrassaient dans leur joie, voici que les deux génies s'élevèrent dans le ciel pour combattre.

Atouli-Jama, le beau génie, recula jusqu'aux pics bleuâtres du Zetchiavala ; mais le Nat resta au-dessus du Jougando.

Alors ils volèrent l'un contre l'autre comme deux flèches rapides. — L'air sifflait et les nuages écumaient derrière eux.

Ils se rencontrèrent, les ailes dressées pour le combat. Il y eut un grand choc. Le Nat poussa un cri de douleur et se déroula dans le ciel avec une aile brisée.

Le Jama, ami des hommes, retourna aux pics du Zetchiavala, et le combat continua. Neuf fois encore ils se rencontrèrent, et huit fois Hyayagriva fut renversé dans l'air avec une aile brisée. De ses dix il ne lui en restait qu'une.

Or, ne pouvant plus combattre, car le vent le poussait à gauche et à droite, il se laissa tomber dans l'espace au-dessus des jeunes fiancés qui applaudissaient à la victoire du beau génie.

D'un revers de son aile dernière il les précipita dans les abîmes du Jougando.

Atouli-Jama descendit sur lui comme l'éclair de Jiva.

Les neiges s'entr'ouvrirent, et le Nat Hyayagriva fut enseveli pour mille années.

Puis le beau génie vola à la recherche de la belle Yaso'da et du jeune guerrier. Ils roulaient encore dans le vide, les bras enlacés, quand il les atteignit et les transporta dans la vallée du Lasti-D'jumbo.

Mais la vierge royale était morte. — Le démon Nat l'avait tuée d'un coup d'aile.

Tamaya, le jeune guerrier, devint comme la neige, pâle et froid. Il dit : — Je veux mourir comme la perle du monde, ma chère Yaso'da. — Et il mourut.

Le pieux roi Satyavrata arriva sur un éléphant blanc. Il vit la rose du Lasti-D'jumbo flétrie, et il poussa un soupir et rentra dans le sein de Brahma.

Mais Atouli-Jama, le beau génie, dit en déployant ses belles et fortes ailes dans le ciel :

— Un jour ils seront heureux. — Rien ne meurt, car Brahma contient tout et Brahma est vivant. — Les destinées sont noires. Elles seront brillantes. — L'amour environne les sept mondes, demeures de toutes choses.

Et cela fut écrit par Jayadeva, le lyrique, cinq cent soixante-treize millions d'années après que l'énergie mâle eut fécondé l'énergie femelle de ce qui est, dans le temps de Buddha-Muni, célébré par le lyrique dans son hymne à Narayena, sous le règne de Ramaparasu-Ra'ma, trente-septième descendant de Satyavrata, qui donna le jour à la rose du Lasti-D'jumbo, la belle Yaso'da.

TABLE DES MATIÈRES

	Pages.
Préface.	VII
Mon premier Amour en prose	3
La Variété (Revue littéraire), 9ᵉ livraison, décembre 1840.	
Une Peau de Tigre.	15
La Variété (Revue littéraire), 12ᵉ livraison, mars 1841.	
Le Songe d'Hermann.	26
Feuilleton de la Démocratie pacifique, dimanche 15 février 1846.	
La Mélodie incarnée	55
Feuilleton de la Démocratie pacifique, mercredi 1ᵉʳ avril 1846.	
Le Prince Ménalcas.	75
Feuilleton de la Démocratie pacifique, dimanche 6 mai 1846.	
Sacatove.	101
Feuilleton de la Démocratie pacifique, dimanche 6 septembre 1846.	

TABLE DES MATIÈRES

DIANORA. 119
 Feuilleton de la *Démocratie pacifique*, dimanche 4 avril 1847.

MARCIE 149
 Feuilleton de la *Démocratie pacifique*, dimanche 16 mai 1847.

LA RIVIÈRE DES SONGES. 175
 Feuilleton de la *Démocratie pacifique*, dimanche 13 juin 1847.

LA PRINCESSE YASO'DA. 199
 Feuilleton de la *Démocratie pacifique*, dimanche 7 novembre 1847.

Achevé d'imprimer le 27 Août 1910 sur les presses de PHILIPPE RENOUARD et Cⁱᵉ, pour la Société normande du Livre illustré, par les soins de M. RAYMOND CLAUDE-LAFONTAINE.

Portrait gravé au burin par J.-A. CORABŒUF, d'après un dessin au crayon de JOBBÉ-DUVAL. Ornements typographiques de MALATESTA, gravés sur cuivre par MACCARD et tirés en taille-douce par WITTMANN. — Papier à la forme des Papeteries du Marais.

www.ingramcontent.com/pod-product-compliance
Lightning Source LLC
Chambersburg PA
CBHW060131170426
43198CB00010B/1118